KB089254

10대를 위한
진로 설계 로드맵

Copyright ⓒ 2020, 이혜선

이 책은 한국경제신문 *i* 가 발행한 것으로

본사의 허락 없이 이 책의 일부 또는 전체를 복사하거나 무단 전재하는 행위를 금합니다.

10대를 위한
진로 설계 로드맵

이혜선 지음, 김주영 그림

한국경제신문*i*

들어가는 글

미래를 연구하는 학자들은 지금 젊은이들이 미래에 대여섯 차례 이상 직업을 바꾸게 될 것이라 예상한다. 앞으로는 더 끊임없이 연구하고 변신해야 살아남을 수 있으며, 내 힘으로 살아남기 위해 공부가 필요하다.

무엇을 해야 할지, 어디로 가야 할지를 정하는 진로 계획을 위해서 우선, 자신에게 무엇이 중요한지, 무엇을 가치 있게 여기는지 명확하게 아는 것이 중요하다. 누구나 보람 있고 가치 있는 삶을 원하지만, 주체적이며 체계적으로 계획하는 것은 쉽지 않다. 진로 계획을 세울 때는 현실적이고, 구체적이며, 실현 가능성이 있는지 고려해야 한다.[1]

---

1. 리상섭 외 공저, 《최신 진로 직업 설계》, 양서원, 2017

이 책은 '진로'를 탐색하는데 필요한 것들을 내용으로 담고 있다. '내가 잘 가고 있는 것일까'를 묻는다. 남들의 평가보다는, 나를 행복하게 하고 가슴 뛰는 일을 찾는 게 바람직한 진로라 할 수 있다. 남들 보기에 번듯한 것들은 남이 만든 기준이므로 남들의 평가 기준에 나를 맞추지 말고 내가 만족하는 삶인지 묻고 살피는 게 필요하다. 그리고 진로를 탐색하고 잘 가도록 도와줄 가장 필요한 요건으로 독서의 필요성과 가치관을 말했다. 또 진로 탐색에서 필요한 것 중 하나는 실제로 경험해보는 것이다. 내가 진짜로 원하는 것인지 실제 경험을 해봐야 확실히 알 수 있다. 남과 다르다고 두려워하지 말고 삶의 보람을 줄 진로를 탐색해야 한다.

더불어 다른 사람들은 어떤 길로 갔을까를 알기 위해 문학 작품 속의 인물들을 살펴보고, 실제 삶을 살아낸 인물의 모습을 담았다. 그리고 창의성과 자기계발, 아이디어를 통해 스스로 길을 개척한 사람들의 예를 살펴봤다.

진로는 한번 정했다고 다시 바꿀 수 없는 게 아니다. 언제까지 어떤 것을 해야 한다는 남들이 만든 기준에 마음을 빼앗기지 말고, 도전과 실패를 반복해도 앞으로 나가는 게 중요하다. 이 글은 진로에 관해 정답을 알려준다기보다 이런 방향으로 '내가 가는 길'을 모색할 수도 있는 하나의 시도로 의미를 두고 썼다.

1장

준비물을 갖고
길 떠나기-1

공부는
왜 해야 할까?

생각해보면 누구도 나에게 '왜 공부를 해야 하는지' 확실하게 알려주지 않았다. 부모님과 선생님이 그냥 공부하라고 했다. 나는 6살에 초등학교 입학시험에 떨어졌다! 인생의 쓴맛을 처음 본 건지도. 시험에 떨어진 날, 명동의 계성초등학교를 나와 집에 오면서 부모님께 혼이 났다. 정신 똑바로 안 차렸다고. 다음 해, 시험을 보던 제도가 추첨제로 바뀌면서 H초등학교에 입학했다.

중학교에 들어가서도 경기, 이화여고 순으로 이어지는 명문고 진학이 부모들의 큰 화두였다. 다행히 연합고사 제도가 생겨 수월해졌지만, 입시에 모든 것을 집중하는 상황이 지난 50년 세월 동안 변한 게 없다. 부모들은 여전히 자녀들이 명문 대학에 진학하기를 바란다. 아이들 대부분은 '왜 공부를 해야 하는지' 제대로 모른 채 공부에 매달린다. 요즘 대치동에 사는 다섯 살 어린이도 학원에 간다고 한다. 무슨 공부인지 몰라도, 아이의 엄마는 미래에 살아남을 방법의 하나로 학원을 선택한 것 같다. 그러면 모두 해야 한다고 믿는 '공부'는 도대체 왜 해야 할까?

예나 지금이나 학문(공부)의 이유는 두 가지로 볼 수 있다. 하나는 학문을 통해 훌륭한 인격에 이르기 위해서고, 다른 하나는 효용론이다. 효용론에서 보자면, 학문은 벼슬, 즉 높은 계급으로 상승하는 수단이었다. 얼마 전까지 각종 고시가 신분 상승의 가장 확실한 방법이었다. 물론 학문하는 그 자체에 의미를 두기도 한다. 선조들도 학문을 갈고 닦아 인격을 수양하고, 공부를 열심히 해서 벼슬길에 오르는 것을 가문의 큰 영광으로 삼았다. 그러니 공부의 목적은 인격의 수양과 삶의 방편을 마련하는 거라 하겠다.

왕안석王安石[2]은 권학문勸學文에서 재능과 지혜, 부가 필요하면 공부를 하라고 권한다.

> 讀書不破費(독서불파비) : 독서하는 것은 비용이 들지 않고
> 讀書萬倍利(독서만배리) : 독서하면 만 배나 이롭다.
> 書顯官人才(서현관인재) : 책 속엔 사람의 재능이 나타나고
> 書添君子智(서첨군자지) : 책 속엔 군자의 지혜가 있다.

---

2. 중국 송나라 시인이자 문필가

有卽起書樓(유즉기서루) : 여유 있거든 서재를 짓고

無卽致書櫃(무즉치서궤) : 여유 없으면 책궤를 만들라.

窓前看古書(창전간고서) : 창 앞에서 옛글을 보고

燈下尋書義(등하심서의) : 등불 아래서 글 뜻을 찾아라.

貧者因書富(빈자인서부) : 가난한 사람은 책으로 부자 되고

富者因書貴(부자인서귀) : 부자는 책으로 귀히 된다.

愚者得書賢(우자득서현) : 어리석은 자는 책을 얻어 어질게 되고

賢者因書利(현자인서리) : 어진 자는 책으로 인해 이롭다.

只見讀書榮(지견독서영) : 책 때문에 영화 얻은 것을 보았고

不見讀書墜(불견독서추) : 독서해서 실패한 일을 보지 못하였다.

賣金買書讀(매금매서독) : 황금을 팔아 책을 사서 읽으라.

讀書買金易(독서매금이) : 독서하면 황금을 사기 쉽단다.

好書卒難逢(호서졸난봉) : 좋은 책은 만나기 어렵고

好書眞難致(호서진난치) : 좋은 책은 참으로 만들기도 어렵구나.

奉勸讀書人(봉권독서인) : 독서하는 이에게 조심해서 권고하노니

好書在心記(호서재심기) : 좋은 책을 만나거든 마음에 두어 기억하라.

의지와 상관없이 우리는 태어났다. 어릴 때는 부모나 어른들이 도움을 줘서 성장한다. 대학에 가든 안 가든 20세 전에 긴 삶을 준비해야 하고 30세 전후에 독립해야 한다. 물론 우리나라만의 특성상 나이가 들어도 부모에게 의존하는 사람들이 더러 있기는 하다. 이건 진정한 어른의 모습이 아니다. 어른인 이상 살아가는데 필요한 것들을 스스로 일해서 구해야 한다. 알고 보면 진정한 독립은 그리 만만치 않다.

학생 시절이 끝나면 어떤 일을 하면서 살지 진지하게 고민한다. 복잡하게 고민하지 않고 편의점이나 식당, 카페에서 시간제로 일할 수 있지만, 평생 계속 이런 일을 하면서 살지 아니면 다르게 살지를 갈등하는 순간이 온다. 그리고 이미 선택한 일도 언제까지 할 수 있을지 걱정한다. 나를 먹이기 위해 일이 필요한데, 특정 직업에 종사하려면 전문 지식이나 기술이 필요하다. 이 지식과 기술을 얻으려면 공부가 필요하다. 어떤 회사에 들어가려면 학위나 자격증이 있어야 하고, 창업하려 해도 준비가 필요하며 장사를 하고 싶어도 그 방면에 지식이나 경험이 있어야 한다. 이것들은 공부를 통해 얻을 수 있다. 그 공부의 형태와 방법은 달라도.

2006년 3월 16일 시사주간지 〈타임〉은 특집 기사에서, '지금 우리는 인류 역사상 대단한 창의와 혁신의 시대에 살고 있다'라고 했다. 인류 역사상 창의와 혁신이 필요하지 않은 시기가 없었지만, 지금 같은 시기는 일찍이 없었다는 말이다. 창의와 혁신의 시대는 양면성을 지닌다. 누구나 혁신의 주체가 될 수 있지만, 그 뒤에는 엄청난 경쟁이 버티고 있다는 뜻이다. 지금 우리는 끊임없이 연구하고 변신하지 않으면 살아남기 어려운 시대에 살고 있다.

그러면 어떤 직업을 선택할 수 있을까? 미국의 시사주간지 〈타임〉[3]은 장래성 있는 5개의 직종을 소개했다. 장래성 있는 유망 직종은 방

---

3. 미국 시사주간지 〈타임〉 2015. 1. 14

사능 의료기술자, 의료장비 수리전문가, 인터넷 보안전문가와 보건·웰빙 교육전문가, 상담 심리치료사다. 이 직업들은 앞으로 자신이 하기에 따라 그 이상의 가치와 시장을 가질 수 있다고 말한다. 〈타임〉이 소개한 일자리는 기계나 컴퓨터가 대신할 수 없는 직업이라는 점에 의미가 있다.

나는 대학을 졸업하고, 서울 계동에 있는 '노틀담수도원'이 운영하는 사회교육 학교에서 봉사한 적이 있다. 80년대 초, 버스안내양 아가씨들이 검정고시를 볼 수 있도록 공부를 도와주는 거였다. 주 1회 수업이 있는데, 학생들은 도시락을 싸 들고 와서 열심히 공부했다. 새벽부터 밤까지 일하고 쉬는 날에는 그곳에서 공부하는 건 힘들었을 거다. 그런데, 얼마 후 버스안내양이 없어지면서 '그 아가씨들은 어디로 갔을까?' 생각했다. 없어지는 직업이 있으면, 시대의 요구에 따라 수많은 다른 직업이 생겨난다.

한국고용정보원은 〈4차 산업혁명 시대에 대비한 미래 일자리 전망 보고서〉를 작성했다.[4] 4차 산업혁명의 핵심 기술은 로봇, 인공지능, 빅데이터, 사물인터넷, 가상현실·증강현실, 자율주행자동차, 3D프린팅이다. 협업 로봇, 디지털 기기 작업으로 작업 환경이 이뤄지고 창의적 일자리를 창출하게 된다. 없던 직업이 생겨나고 기업 내에 창의적인 활동의 지원이 필요하게 된다. 유망직업으로 사물인터넷 전문가, 인공

---

4. 〈4차 산업혁명 미래 일자리 전망 보고서〉, 한국고용정보원, 2017

지능 전문가, 빅데이터 전문가, 가상현실 전문가, 3D프린팅전문가, 드론전문가, 생명공학자, 정보보호전문가, 응용소프트웨어개발자, 로봇공학자를 선정했다.

위기직업으로는 콜센터 요원(고객상담원 및 안내원), 생산 및 제조 관련 단순종사원, 의료진단 전문가, 금융사무원, 창고 작업원, 계산원 등이다. 이 일은 인공지능이나 로봇이 대신하게 될 것이다.

또한, 〈유엔 미래보고서 2045〉는 30년 후 인공지능이 인간을 대신할 직업군을 언급했다. 의사, 변호사, 기자, 통·번역가, 세무사, 회계사, 재무 설계사, 금융 컨설턴트 등이다. 이와 반대로 인간을 직접 만나거나 감성, 창의성, 직관의 개입이 필요한 업무는 인공지능이 대체할 수 없는 영역으로 분류한다.[5] 그럼, 창의성과 직관, 감성을 키우려면 어떤 준비가 필요할까?

창의적 능력과 직관을 기르기 위해서는 지적인 능력을 키우는 독서와 전문 지식을 동반한 탐구, 관련 분야에서 축적한 경험을 요구한다. 감성은 그것을 키워주는 여러 경험과 예술적 자극, 예술 작품에 대한 지식이 필요하다. 문학 작품 읽기, 곡 연주와 감상, 미술 작품에 대한 지식과 감상, 각종 공연 관람, 체육 활동, 여행 등의 경험이 중요하다. 특히 문화가 전혀 다른 곳에서의 체험은 의미가 있다.

5. 김요한, 《십대, 명작에서 진로를 찾다》, 피톤치드, 2017

한 여학생[6]은 다니던 고등학교를 자퇴하고 혼자 공부하고 책을 읽으며 원하는 미국 대학에 진학했다. 그는 외부에서 순서를 정해주는 것보다 내부에서 알고 실행해야 한다고 생각했다. 학교에서 남이 정해주는 것은 일시적으로 위안이 되지만 진정한 역량이 될 수 없다고. 그는 명작 원서 읽기와 그것에 관한 평론, 작가의 인터뷰와 일기, 전기 읽기 등의 공부를 진행했는데 학교에 가지 않아도 계획대로 공부하면서 바쁘게 지냈다. 미국 대학 입학원서 준비를 위해 직접 성적표와 증빙서류를 만들었다. 대학 기준에 맞춘 게 아니라, 훗날 어떤 활동을 위한 중간 단계를 밟아나가는 예비 창작자로서의 모습을 보여주는 데 주력했다. 그는 대학에 진학해, 관심 있고 미래에 도움이 될 주제 연구를 하면서 성장을 위해 노력하고 있다.

이런 역량을 가진 사람도 대학에 진학했으니, 평범한 사람이라면 대학 진학이 필요하다고 볼 수 있다. 여기에 더해, 미래의 자신을 위해 어떤 공부를 어떤 방법으로 하는지도 중요하다. 명확한 미래상을 지니고 자신의 계획에 다가가기 위해 자신만의 속도로 꾸준히 노력하느냐가 그의 미래를 좌우할 것이다.

여기서 꼭 기억해야 할 사실은 남들의 관심을 받지 않는 일에 대한 것이다. 미래에는 대부분이 지금 존재하지 않는 일에 종사하게 될 것이다. 따라서 대학에 진학하거나 하지 않거나 '지금 존재하지 않는 일

---

6. 임하연, 《열일곱, 괴테처럼》, 쌤앤파커스, 2016

은 무엇일까?'에 대한 끊임없는 연구와 거기에 요구되는 능력이 필요하다.[7]

무엇이 필요하고 무엇이 나에게 맞는지를 우선 들여다봐야 한다. 나만을 위한 공부가 절실히 요구된다. 젊은이라면 내가 선택할 직업의 준비를 위해 공부가 필요하다.

우리는 안다. 공부라는 작업은 시작도 힘들고, 계속 유지하기도 힘들다는 것을. 우리 반에 체대 입시를 준비하던 학생이 있었다. 근데 어느 날부터 안 한다고 했다. 부상 때문에 체대는 포기했다고……. 담임으로서 내용을 몰랐던 것이 몹시 미안했다. 고3이라 입시가 코앞인데, 그래도 절망하는 모습을 보이지 않고 공부해서 대학에 가고 싶다고 했다. 같이 열심히 해보자고 응원을 했다. 뒤늦게 공부에 전념하기 힘들었을 텐데, 지치지 않고 하더니 성적이 오르기 시작했다. 늦게 시작했어도 수능 점수가 나쁘지 않아 목표에 근접하는 곳에 진학했다. 이 학생처럼 포기하지 않고 계속하면 자기가 원하는 것을 손에 쥘 수 있다.

하지만, 시작하기도 어렵고 조금만 쉬면 다시 계속하기 어려운 게 공부다. 내가 세운 목표에 필요한 것이라면 매일매일 꾸준히 공부하는 습관이 몸에 배어 있어야 한다. 생활 습관을 바꾼다는 게 그렇게 쉬운 일은 아니다. 그렇다고 어려운 일도 아니다. 계속하다 보면 자신도 모르게 조금씩 성과가 보인다. 결과가 기대만큼 나오지 않을 수 있다.

---

7. 니시카와 준, 《학력의 경제학》, 사과나무, 2016

모든 일이 우상향으로 향상되지는 않는다. 하지만 이 노력하는 과정도 배움의 하나다.

눈 속에서도 꽃씨는 꽃을 준비하는 것처럼, 서두르지 않고 저마다의 속도에 따라 내게 필요한 준비를 해야 한다.[8] 노력으로 얻은 지식, 지혜, 습득한 경험은 분명 내게 힘을 주는 훌륭한 부메랑으로 돌아올 것이다.

활자를 통한 공부와 마찬가지로 예·체능 방면도 피나는 연구와 연습의 과정을 거쳐 전문가가 될 수 있다. 그리고 예·체능 학습도 직접 겪어보아야 나와 맞는지 알 수 있다. 연습하고 끝없이 단련하다 보면 성장을 이루고, 인정받을 수 있다. 정답은 여기에 있다. 하루하루 쌓아 올린 노력의 결정체가 성장이며 성공이라는 이름을 가질 자격이 있는 것이다.

미래 학자들은 지금 대학에 다니는 학생들이, 평생 직업을 적어도 대여섯 차례 바꾸며 살 것으로 예측한다. 새로운 직장을 얻을 때마다 다시 대학에 돌아가 새로운 전공 공부를 할 수도 있다. 그러나 그게 쉽지 않다면 다음으로 탁월한 선택은 단연 독서다.[9]

배우지 않고 살 수 없으며, 세상을 살면서 공부하지 않는 사람은 없다. 삶 자체가 모두 공부기 때문이다. 사전적 의미의 공부는 학문이나 기술을 배우고 익히는 것이지만,[10] 삶 자체가 자신의 폭을 넓히고 몰

8. 전국 진로진학 상담교사38인, 《진로 멘토》, 꿈결, 2014
9. 최재천, 《통섭의 식탁》, 명진출판, 2012
10. 류대성, 《책 숲에서 길을 찾다》, 휴머니스트 출판그룹, 2016

랐던 것을 알아가는 과정의 연속이다. 평균수명이 길어진 현대의 삶에서, 50대나 60대의 어른도 생을 다할 때까지 25~30년 가까이 평생을 배우고 익혀야 한다. 처음부터 다 알고 태어난 사람이 없듯 우리는 매일 새로운 것을 만나며 그것을 익히면서 나를 만들어간다. 배우고 익힌 것 없이 공짜로 할 수 있는 일은 별로 없다.

① 공부의 목적은 인격 수양과 주체적인 성인으로 삶을 영위하기 위한 준비다.
② 감성, 창의성, 직관의 능력을 키워야 한다.
③ ②의 능력을 위해 지식과 문학 방면의 독서, 다양한 경험과 탐구가 필요하다.
④ 매일 노력해서 얻은 지식, 지혜, 습득한 경험은 나의 훌륭한 체력이 된다.
⑤ 삶 자체가 배우고 익히는 공부의 과정이다.

진로의
출발점

머리를 만지기 위해 애용하는 곳이 있다. '정○희프로헤어'의 원장은 중년의 남성이다. 본점 말고 지점이 두 곳 더 있다. 언제나 고객이 많아 비결을 알아봤다.

첫째, 실력이 출중하다. 사람의 얼굴과 특징에 따라 머리 모양을 권한다. 사람의 개성을 자세히 보고 머리를 다듬는 손길에 멈춤이 없다.

둘째로, 고객과 격의 없이 대화한다. 대화를 끌어가는 편인데, 이게 가능한 건 고객에 대한 개인사를 기억하기 때문이다. 말하기를 즐겨서 수다가 특기인 아줌마들과 부담 없이 어울리고 공감한다.

셋째, 고객들을 위해 어떤 편의를 제공할지 늘 연구하고 서비스를 제공한다. 쌀쌀한 날씨에 충전한 핫팩을 준비해줘서 무척 고마웠다.

다음으로, 원장님은 일주일에 하루 쉬는 날에도 허투루 보내지 않는 것처럼 보였다. 휴일에 멀리까지 가서 교육도 받고 관심 있는 것을 배운다고 한다. 한 번도 힘들다고 지친 모습을 보인 적이 없다.

원래는 기계 쪽으로 공부를 하다가, 진로를 미용으로 바꿔 자격증을 따서 일을 시작했다고 한다. 기계보다는 머리 만지는 일이 맞았던 거다. 그분의 성공비결은 노력이 뒷받침된 실력, 관심과 배려, 늘 쉬지 않고 배우는 자세다.

이렇듯 자기에게 맞는 일을 만나고, 그 일로 인해 다른 사람도 행복하게 해주면 얼마나 좋을까. 하지만 자기에게 꼭 맞는 일을 만나기는 쉽지 않고, 그걸 아는 지름길과 정답은 없다. 어느 분야든 직접 가서 겪어보고 경험해봐야 나와 맞는지 알 수 있다. 경험과 함께 만족할 만큼의 성실함을 전제로 한다.

학생이나 성인들의 공통된 과제는 '진로'며 거의 강박에 가깝게 원하는 것을 찾으려고 한다. "나도 내가 원하는 것을 알고 싶은데 그걸 몰라서 너무 답답해요. 남들은 자신의 목표를 향해 열심히 살아가는 것 같은데, 나만 아무 목표 없는 게 한심하고, 하지만 뭘 해야 할지 모르겠어요"[11]라며 고민한다. 이 부분은 10대나 성인이나 다를 게 없다.

진로 문제는 삶과 직접 연결된다. 삶과 일은 떼어 놓을 수 없이 중요한데[12] 그 일을 선택할 때는 막연하다고들 말한다. 우리 대부분은 체계적인 진로교육을 받은 적이 별로 없다. 하지만 진로교육의 시간이 충

11. 김이준, 《어른들도 진로가 고민입니다》, 한국학술정보, 2019
12. 김순례, 《진로, 책 속에 길이 있다》, 성안당, 2015

분했더라도 직접 고민하고, 현장에서 체험하는 게 아니라면 별로 의미가 없다. 나이가 많은 성인의 경우, 자신의 적성과 흥미를 생각할 기회 없이 성적이 전공을 결정하고 이에 따라 직업을 선택했다. 여기에 이미 직업이 있는 성인도 진로를 고민하고 있을 것이다. '그냥 여기까지 왔으니 앞으로도 쭉 가야 하나'를 때로는 고민한다. 자신이 원하는 일을 하고 싶어서 고민하고, 전망 없는 일을 하고 있어서 고민한다. 진로에 대한 충분한 고민이 부족한 채 성인에 이르러서야 비로소 자신의 진로에 대해 머리 아프게 고민하기도 한다.

진로 문제로 숨쉬기조차 힘들지만, 남들도 다 비슷하게 사는데 나만 유난 떠는 건 아닐까, 인생 뭐 별거 없다고 스스로 위로하며 견뎌보려고 노력한다. 이러다 보면 일에서 얻지 못하는 행복감을 찾아 밖으로 밖으로 끊임없이 눈을 돌리기도 한다.[13]

진로는 자신을 이해하는 것에서 출발한다. 자신에 대한 깊은 이해와 성찰을 통해 정보를 활용할 수 있다. 자신에 대한 생각을 구체적으로 아는 방법의 하나로 '커리어스타일인터뷰Career Story Interview'[14]가 있다.

1. 이 시간(진로상담)을 어떻게 활용하고 싶습니까?
2. 당신이 어릴 적 존경했던 롤모델 3인은 누구이며, 그 이유는 무엇입니까?

---

13. 김이준, 앞의 책
14. 진로구성주의 이론가들이 활용하는 구조화된 면접 기법으로, 총 8개로 구성된 질문을 통해 수행하게 된다. 'CSI'라 일컫는다.

3. 당신이 좋아하는 잡지나 TV 프로그램 또는 웹사이트는 무엇이며, 그 이유는 무엇입니까?
4. 좋아하는 책이나 영화는 무엇입니까?
5. 좋아하는 좌우명이나 명언은 무엇입니까?
6. 좋아하는 과목은 무엇입니까?
7. 여가시간은 어떻게 보내나요?
8. 당신의 삶에서 가장 어릴 적 기억(세 가지)에 대해 이야기해주세요.

질문을 통해 자신에 대한 생각을 명확히 알아내고 여기에서 발견한 것을 스스로 깨달아 도움을 받을 수 있다. 자신을 알기 위해서는 관심 있게 들여다봐야 한다. 생각하는 시간과 관찰이 필요하다. 그날그날 한 일을 뒤돌아보고 어떤 경우에 가슴이 설렜는지, 어떤 시간을 몹시 도 기다렸는지, 무슨 작업이 지루함 없이 기쁨을 주었는지, 남들보다 잘 하는 것이 무엇이었는지 등을 기록해본다. 매일의 기록을 통해 구체적인 내용을 알 수 있다. 좋아하는 것은 쉽게 질리지 않아서 지속적으로, 반복적으로 할 수 있다.

나는 중학교 때부터 무용 시간을 몹시 기다렸다. 특히 무용실에서 흐르던 음악은 내 귀를 섬세하고 예민하게 만들어주었다. 무용선생님 은 내게 소질이 있다고 무용과 진학을 권하셨지만, 무용을 전공으로 택하지는 않았다. 무용학원까지 다니면서 공부를 열심히 하기도 어려웠고, 용기도 없었다. 나만 특별한 길을 가려면 용기가 필요했는데 특별한 것은 두려웠다. 사람은 다 달라서 남들과 다른 것은 당연한 건

데……. 삶에서 자신이 좋아하고 잘 하는 것을 하기 위해 용기를 내는 것도 매우 중요하다. 남과 다른 걸 선택해야 한다. 남들이 다 이미 하는 걸 제치고 이루기는 어렵다.

살아가는 방법이 남과 다르다고 겁내고 두려워해서는 이룰 수 있는 게 별로 없다. '나이가 많아 이제 다른 걸 시작하기는 늦었다고, 이제 살 날 얼마 남지 않았는데 힘들여 다시 뭔가를 찾는 건 피곤하니 적당히 지내지' 하고 생각하는 분들을 봤다. 적당히 취미 삼는 일을 하면서 지내는 것도 나쁘지 않다. 하지만, 나에게 '일'은 굉장히 소중하고 삶의 보람을 안겨주는 것이다. 그러므로 10대~50대에게도 '진로 탐색'은 필요하다.

이미 많이 걸어왔지만, 나이나 환경에 상관없이 '잘 가고 있는 것일까?'를 물어보면서 성장하기 위해 노력해야 한다. 니체Friedrich Wilhelm Nietzsche는 '세상에는 두 부류의 사람들이 있다'라고 했다. 자기의 길을 묵묵히 걸어가는 사람과 그 사람 이야기하며 살아가는 사람들. 남들의 평가 때문에 나에게 중요한 것을 놓치지 않아야 한다. 남들이 중요하게 생각하는 게 나에겐 의미가 없을 수 있다. 나를 행복하게 하고 가슴 뛰게 하는 걸 찾아야 한다.

방향과 이유를 찾지 못한 채 무작정 시키는 대로만 따라가다가는 '나'를 잃기 쉽다. 분명한 건 한 번 잃어버린 '나'는 언젠가는 꼭 되찾아야 한다는 거다.[15] 막 사는 게 별것 아닌 것 같지만, 그 모든 것이 현재

---

15. 권소라, 《십대들이여 진로를 탐하라》, 행복한 미래, 2018

에도 미래에도 다 내 것이 된다.

도보 여행가 김남희도 간절한 걸 찾으라고 말한다.

… 세상의 모든 일이 명예, 돈, 성공 이런 걸 쫓으면 얻을 수 없다. 그런데 자기가 정말 좋아서 어떤 일을 기쁘게, 행복하게, 신나서, 가슴 뛰면서 하다 보면 그런 것들이 저절로 찾아온다고 생각한다. … 다 가질 순 없다. 나한테 가장 중요한 간절한 걸 남긴다. … 그 간절한 것에 모든 걸 쏟아야 한다.[16]

또 다른 하나, 자신의 꿈이나 직업을 선택할 때는 스스로 결정해야 한다. 부모가 좋아하는 것과 내가 좋아하는 것이 다를 수 있다.

부모의 기대와 다르다고 죄책감을 가질 필요는 없다. 삶의 진로를 정하거나 바꾸는 순간에도 내가 선택하는 것이고 후회도 내 몫이다. 실패로 인해 좌절하는 것도 과정이며 실패를 통해 더 유익한 것을 배울 수 있다.[17]

하지만 어떤 부모는 자녀와 진로를 말할 때 부모의 생각을 강요한다. 가족관계 속에 담긴 진로 가치관은 생각보다 힘이 세다. 부모가 진로에 대한 편향된 정보를 강요하면 자녀의 진로 탐색은 제한되고, 탐색이 이루어져도 한쪽으로 편중되기가 쉽다. 우리 각자는 "내가 왜 이

16. 김창남(엮음), 《너만의 브랜드를 가져라》, 미래를 소유한 사람들, 2008
17. 양창순, 《나는 까칠하게 살기로 했다》, 다산북스, 2016

일을 하고 있지?", "혹시 가족의 압력이 작용한 것은 아닌가?"를 돌아보아야 한다. 고통스럽지만 이런 활동은 의미가 있다.[18] 진로를 결정할 때, 부모가 부모의 생각을 강요하는 건 바람직하지 못하다.

가족은 함께하는 존재다. 가족은 문제의 출발점이 아니라, 서로 사랑하고 조건 없이 감싸주는 큰 힘이다. 자식은 내가 이루지 못한 꿈을 이루는 도구가 아니라 사랑받고 존중받아야 할 하나의 개체다. 자녀가 막 출발점에 선 10대라면 부모는 미래에 대해 자유롭게 말할 수 있도록 해주어야 할 의무가 있다. 그리고 격려와 응원의 마음을 담아 표현해야 한다. 부모도 자녀가 독립된 개체라는 걸 인정해야 한다.

또 성인이 된 자녀에게 계속 부모의 의견을 고집한다면 자녀는 과감하게 자기 생각을 전해야 한다. 그 선택에 경제적 도움이 필요한 경우에는 부모의 동의가 필요하지만, 그렇지 않은데 부모가 실망할까 봐 참고 넘어가면 점점 더 힘들어진다. 처음에 조금 서운하더라도 부모의 개입을 단호하게 거절해야 한다.

전문직에서 일하는 40대 미혼 여성이 동갑내기 남성과 결혼을 결심했다. 하지만 엄마의 반대가 심했다. 엄마는 사윗감이 전문직에 종사하지 않아, 나중에 딸한테 얹혀살 것을 염려했다. 딸은 엄마 때문에 전전긍긍하며 결혼하지 못하고 있었다. 정신과 전문의 정혜신은 "딸은 국경수비대가 하나도 없는 나라 같다"라고 비유했다. 엄마가 경계를

---

18. 김이준, 앞의 책

허물고 침략군처럼 딸의 고유한 감정과 의사 결정 영역까지 쳐들어왔는데, 나가라는 말도 못 하고 맞서지도 못한다고 진단했다.[19]

　나도 엄마로서 아이의 성장 과정을 지켜보면서 느낀 게 있다. 아이가 필요하다고 말할 때까지 기다리는 것. 엄마 노릇이 처음이라 아이가 필요하다고 말하기 전에 세심하게 살피고 먼저 손에 쥐여 줬다. 이게 아이를 사랑하는 것이고 관심이라고 착각했다. 아이도 다 생각이 있어서 필요하면 말을 했을 텐데……. "자식 키우면서 후회하지 않은 부모는 없습니다"라는 정신과 전문의 오은영의 글에 위안을 받은 것도 사실이다. 또 부모들은 대부분 자녀가 실패하지 않고 직선으로 가도록 노력을 기울이지만, 실패도 자녀에게 훌륭한 근육이 됨을 염두에 둬야 한다.

　마지막으로, 진로 탐색에 필요한 것은 다양한 경험이다. 책과 인터넷을 통한 경험은 한계가 있다. 원하던 직업이 나와 맞는지 확인이 필요하다. 여러 경험을 거치면서 내면의 폭도 넓히고 아니라는 생각이 들면 수정할 수 있다. 시간이 걸려도 꼭 필요한 과정이다. 지구상에 존재하는 어떤 일을 해도 힘들다. 세상에 힘들지 않은 일은 없다는 게 진리다. 그러니 다 힘들다면, 내가 좋아하고, 내가 즐기면서 할 수 있는 일을 찾는 게 행복한 삶의 비결이다.

---

19. 〈내 경계 넘어오면 부모라도 끊어내야(정혜신 씨, 심리기획자 이명수 씨 인터뷰)〉, 한겨레, 2020.01.04

① 자기 이해가 진로의 출발점이다.

② 자기 이해를 위해 일상사를 기록하고 이를 통해 구체적으로 나를 이해한다.

③ 살아가는 모양이 남과 다른 것을 받아들인다.

④ 진로 선택은 자신이 한다.

⑤ 진로 탐색과 선택을 위해 다양한 경험을 해본다.

독서의
필요성

많은 이들이 입을 모아 하는 말이 있다. "책을 읽어라!"

책은 우리에게 매우 소중하고 가치 있는 것이라고 말한다. 아니 소중하고 가치 있는 것을 우리에게 주는지도 모른다. 그런데 요즘 우리 손에는 책보다는 '스마트폰'이 있다. 그 작은 기계에 집중하고, 구멍이 날 정도로 뚫어지게 들여다보고. 잠시라도 떨어지면 불안해하고, 잠시 안 보면 궁금해하고, 그걸 잃어버리면 제정신이 아니다. 단 하루, 그 소중하고 스마트한 아기와 떨어져 보내라면 젖 먹던 힘까지 끌어올려 안 된다고 아우성이다. 이건 학교에서 본 아이들 모습이었다. 학교에서 학생들에게 가장 귀중한 건 스마트폰이었던 것 같다. 수업시간에도 만지작거리니, 교사로서 그걸 그대로 보아 넘길 수 없다. 한 명을 봐주면, 교실의 모든 학생이 스마트한 아기와 수업을 함께하니 방법이 없다. 학교에서 나에게 그 기계는 스마트한 물건이 아니라 원수에 가까웠다.

옆에 있는 스마트폰 덕분에 사람들은 자신이 무지하거나 아는 게 없다고 생각하지 않는다. 모르는 건 스마트한 아기가 가르쳐주고 정보도 주니까. 다음 글처럼 스마트한 건 스마트폰인데 그걸 가지고 있는 자신이 스마트하다고 착각한다.

문제는 과거에는 책을 읽지 않은 사람은 스스로 무지하다는 것을 알고 있었지만, 오늘날엔 책을 읽지 않아도 스스로 무지하다는 것을 알지 못한다는 점에 있다.[20]

특히 영상과 관련된 기계와의 만남은 우리의 삶에 큰 변화를 가져왔다. TV나 영상물 덕분에 우리는 상상할 필요가 없어졌다. 하지만 책은 장면과 풍경, 인물의 느낌과 행동, 지은이의 의도, 기분 등을 상상하게 한다. 창의력은 그냥 얻어지는 게 아니다. 오랜 시간 끊임없이 상상하고 실행에 보고 계속되는 작업과 자극을 통해 얻을 수 있다. 영상물을 안 볼 수 없지만 오래 노출되면 명석한 두뇌와 사이좋은 관계를 갖기는 어렵다. 지식과 상상력, 창의력의 보물창고라는 책은 우리 곁에서 점점 멀어지는데, 정작 우리는 그것을 별로 필요로 하지 않는다.

더구나 공부 못지않게 휴식도 중요한데 학생들은 대개 스마트폰 보기, 게임 등 본인이 좋아하는 일을 하며 휴식시간을 채우려 한다. "스마트폰이나 컴퓨터로 게임하는 시간은 뇌에 여전히 자극이 가해지고 있어 휴식으로 볼 수 없다."[21]

---

20. 홍세화, 《생각의 좌표》, 한겨레출판, 2009
21. 김경일 교수 〈십 대를 위한 공부사전〉 저자, 내용은 조선일보 30480호

"사람 노릇을 하려면 배워야 한다"고들 한다. 배우지 않으면 다른 사람의 말이 타당한지 아닌지 분별하기 어렵다. 배움이 모자라면 자신이 줏대를 가지고 살아갈 수 없고, 남의 말에 쉽게 현혹된다. 그토록 중요한 배움은 바로 동서고금의 책에 담겨 있으니, 이것이 바로 독서를 해야 하는 이유다. 더구나 시시각각 지식이 변하는 요즘 시대에는 평생 책을 읽어야 부족함이 없다. 앞으로 펼쳐질 세상은 지금까지보다 훨씬 큰 변혁의 세상을 예고하므로. 독서가 취미인 시대는 지났다. 이제는 생존경쟁에서 살아남기 위해 누구나 평생 독서를 해야 한다.[22]

우리가 어떤 책을 읽는다는 것은 저자나 주인공으로부터 진로에 대해 안내를 받는 것이다. 활자는 영상과 달라서 꾸준하게 읽으려면 적어도 1주일 이상 노력해야 한다. '친구'와 사귀고 가까이해도 되는지 알기 위해서 1주일 이상 걸리는 것과 비슷하다. 최재천 교수는 말한다. 독서를 취미로 한다는 사람들이 많은데 자신은 독서를 일이라 생각한다고. 잘 모르는 분야의 책을 붙들고 씨름하는 게 훨씬 가치 있는 독서라고 생각한다고. 모르는 분야의 책을 붙들었는데 술술 읽힐 리는 없을 것이라고.[23] 나도 머리를 쥐어뜯게 하는 책과 만나면 거부감 때문인지 읽어 내려가지 못하고 어떤 부분에서 계속 맴도는 때가 있다. 책은 집중과 매달림을 요구한다.

22. 최효찬, 《5백년 명문가의 독서교육》, 한솔수북, 2014
23. 최재천, 《통섭의 식탁》, 명진출판, 2012

독서의 효과[24]는 첫째, 뇌 발달에 도움을 준다. 둘째, 어휘력이 향상된다. 영국의 사회언어학자 바실 번스타인Basil Bernstein은 '중산층 자녀와 노동계층 자녀들은 언어 발달 면에서 차이가 나고 이 차이가 장차계급 차이를 만든다'라며 어휘력의 중요성을 강조했다. 셋째, 배경지식이 풍부해진다. 독서는 독자 자신의 스키마Schema(배경지식)를 이용해 저자의 메시지를 재구성하는 고도의 지적 과정이므로 배경지식이 풍부해지게 한다. 넷째, 학습력이 좋아진다. "오늘날 정보화 사회에서 읽기 능력은 더 나은 삶, 지적 성장, 잠재력 개발에 있어서 가장 중요한능력이다. 결국, 읽기를 잘하는 사람이 사회적 지위나 경제적 부를 차지할 가능성이 높다"라고 '국제읽기능력향상연구(Progress in International Reading Literacy Study, PIRLS)'는 독서의 중요성을 강조한다.

또 책에서 삶의 지혜와 간접 경험을 얻는다. 책을 통해 우리는 차원이 다른 세계와 만날 수 있으며, 과거에 존재했던 사람과 격의 없이 만날 수 있다.

훌륭한 사람은 대부분 다양한 책을 많이 읽는 사람들이다. 20세기가장 뛰어난 천재라고 찬양받는 알버트 아인슈타인Albert Einstein의 학교 성적은 겨우 중간 정도였다. 그의 재능을 키울 수 있었던 것은 책이었다. 요한 볼프강 폰 괴테Johann Wolfgang von Goethe, 하인리히 하이네Heinrich Heine의 시와 소설을 좋아했으며, 베른스타인의 《통속과학대계》

---

24. 서상훈·유현심, 《진로독서 인생독서》, 더디퍼런스, 2016

란 책은 밥 먹는 것도 잊어가며 열심히 읽었다고 한다.[25] 폭넓은 독서가 그의 천재성을 표출하게 도와준 것이다. 독서가 빛을 발하는 순간이다.

마이크로소프트의 창업주 빌 게이츠Bill Gates는 "나를 키운 것은 우리 동네의 작은 도서관이다"라고 말했다. 그는 컴퓨터와 관계된 일을 하지만, 정작 컴퓨터와 밀착된 생활을 하지 않았다. 오히려 삶에 필요한 지혜와 아이디어를 독서를 통해 얻었다. 미국의 위대한 대통령 중 한 명인 에이브러햄 링컨Abraham Lincoln은, 어린 시절 근방에 있던 책들을 빌려서 읽었다. 그는 가난한 농민의 아들로 태어나 어려서부터 노동을 했기 때문에 학교 교육은 거의 받지 못했다. 하지만 성공하겠다는 굳은 결심과 의욕, 그리고 엄청난 지식욕과 독서욕이 젊은 링컨의 자산이었다. 후에 그는 국민이 선택한 대통령이 됐다.

버락 오바마Barack Obama 전 미국 대통령은, 대통령이라는 자리에 있게 한 원동력 중 하나가 '책'이라고 말한다. 세계적인 애니메이션의 거장 미야자키 하야오みやざきはやお도 어렸을 때부터 지독한 책벌레였다. 서양 고전부터 만화책 등 가리지 않고 책을 읽었다. 그는 읽었던 책과 경험을 결합해서 독특하고 재미있는 애니메이션을 만들고 감독으로 명성을 날렸다.

미래 학자인 앨빈 토플러Alvin Toffler는 앞으로 우리 사회가 어떻게 변화할지를 연구하고 예측했다. "미래는 예측하는 것이 아니라 상상하는

---

25. 김병현, 《창의적 삶의 나침반》, 지식공감, 2015

것이다. 미래에 대해 상상하기 위해서는 독서가 가장 중요하다. … 미래는 책을 읽는 사람에 의해서 움직이는 사회가 될 것이다."[26]라고 말한다.

자본주의 사회는 우리에게 경쟁을 유발하기도 한다. 누구나 할 것 없이 스펙을 쌓으려고 안간힘을 쓰고, 낙오되면 자살이라는 극단의 선택까지도 한다. 오늘날의 취업은 자본을 가지고 있는 쪽, 즉 화폐를 쥐고 있는 쪽의 요구에 맞춰 스펙을 쌓은 뒤 그곳에 자신을 파는 행위다.[27]

언젠가 그 자본이 우리에게 그만 일하라고 명령하기도 할 것이다. 우리를 사람으로 보는 게 아니라 자본의 투자와 성과에 필요한 부속품으로 보기 때문이다. 부속품이 아니라 내 일을 하고자 한다면 독서로 재무장하고 충전을 해서 세상에 다시 나가야 한다.

지금 세상은 사람을 평가할 때 인품이나 내면이 아니라 그 사람이 소유하고 있는 것을 기준으로 삼기도 한다. 어떤 자동차를 소유하고 있는가, 몇 평짜리 아파트에 살고 있는가에 따라 사람의 가치가 정해지는 것이 그리 놀라운 일도 아니다.[28] 사람을 물질로 평가하는 시류에 편승하지 않게 나를 붙잡아주고, 중요한 것과 삶의 방향을 제시해 줄 수 있는 게 '독서'다. 책을 통해 나만의 평가 기준을 세우고, 무엇이 우

26. 임성미, 《오늘 읽은 책이 바로 네 미래다》, 북하우스, 2010
27. 강신주(외), 《나는 누구인가》, 21세기북스, 2014
28. 안덕훈, 《100개의 문장으로 읽는 100권의 책》, 작은숲출판사, 2017

리 삶에서 중요한지 판단할 수 있다. 내게 소중한 사람들을 그가 지닌 소유물에 따라 만날 수는 없지 않은가?

　노벨상수상자의 22%를 배출한 유대인들 교육[29]의 특징은 〈탈무드〉에서 볼 수 있다. 수천 년 동안 유대인을 교육해 온 〈탈무드〉에 "배움은 꿀처럼 달다. 사람이 마음에 가장 큰 상처를 입는 경우는 지갑이 텅비어 있을 때다"라는 말이 나온다. 예나 지금이나, 살아가기 위해 공부를 해야 하고 돈 없으면 세상 살기가 참 어렵다는 뜻이다. 유대인들은 자녀가 어릴 때부터 책을 가까이하게 한다.

　다음은 유대인 자녀교육의 핵심이다.

· '남보다 뛰어 나라'가 아니라 '남과 다르게 되라'.

· '배움은 꿀처럼 달다'는 것을 되풀이해서 체험시켜라.

· 책 읽는 습관을 가지게 하라. 의문을 갖고 토론하게 하라.

· '지혜가 없는 사람은 아무 것도 가질 수 없다'라고 가르쳐라.

· 머리 비교는 서로를 죽이지만 개성 비교는 서로를 살린다.

· 잠들기 전에 책을 읽어주는 것은 지적 교육의 하나다.

· 성인식을 통해 자신의 꿈과 인생 목표를 명확하게 한다.

· 탈무드나 우화의 교훈으로 아이들 스스로 생각하게 하라.

　독서는 혁명이다. 나를 바꾸려면 책을 읽어야 한다. 애벌레에서 탈

---

29. 유대인의 자녀교육은 김병현, 앞의 책 참조

피해 나비가 되려면 책이 필요하다. 변신을 꿈꾼다면 책을 읽어야 한다. 다른 세상을 상상하고 싶은가? 그렇다면 책을 읽어야 한다.[30]

지금은 진로에 대해 전 세대가 고민한다. 학생이나 20대, 30대, 심지어 50대 이상도. 치열한 고민을 통해 '정말 하고 싶은 일'을 찾으려고 한다. 그 고민에 확실한 열쇠는 '독서'다. 컴퓨터나 시청각 매체에서 그 '열쇠'를 찾을 수 있으나 풍부한 사고력과 아이디어를 원한다면 독서를 권한다.

나는 짧지 않은 시간을 교사가 되기 위해 공부했고, 합격해 교사가 됐다. 안정된 직업인 교사를 그만두기는 쉽지 않았다. 교사 생활을 과감히 접고 어떤 일을 해야 하나 고민을 많이 했다. 새로운 삶을 시작하려니 막막했다. 우선 과거를 천천히 정리하면서 '내가 하고 싶은 일'에 집중했다. 속은 타는데, 그것을 빨리 찾기는 어려웠다. 독서를 했다. 그리고 하루 2시간 걸었다. 시간이 더디게 지나가고, 좋아하고 잘 하는 것이 바로 내 곁에 있었음을 알게 됐다. 그리고 용기를 내게 됐다.

---

30. 이권우, 《책읽기의 달인, 호모 부커스》, 그린비, 2008

포인트

① 책은 지식, 상상력, 창의력의 보고寶庫다.

② 책은 진로를 코칭해준다.

③ 독서는 뇌 발달에 도움을 주고 어휘력을 신장시킨다. 또 배경 지식이 풍부해지고 학습력이 향상된다.

④ 독서를 통해 높은 사회적 지위나 경제적 부를 이룰 수 있다.

⑤ 지금의 나를 바꾸고 싶다면, 사고력과 아이디어를 갖고 싶다면 책을 읽어야 한다.

삶에 좋은 결과를
줄 수 있는 요인

내 삶에 영향을 주신 분은 '할아버지'시다. 집안에서 아버지 이후로 손은 처음이었던 나에게 할아버지는 엄청난 배경이었다. 자수성가한 할아버지께서는 나에게 진지하게 말씀하셨다.

"앞으로의 세상은 여자도 자기 일을 하게 될 거다. 그런 세상에 살기 위해 피아노 치는 걸 배워라" 하셨다. 혜화동, 우리 동네에 피아노를 가르치는 곳은 한군데였다. 아담한 기와집에서 여자 선생님 형제가 피아노를 가르쳤다. 초등학교 1학년 때 매일 그곳에 가서 피아노 치는 것을 배우기 시작했다. 할아버지는 피아노 연주를 하나의 기술쯤으로 생각하셨다. 나중에 내가 굶어죽지 않으려면 기술을 갖고 있어야 든든할 거라고 말씀하셨다.

할아버지는 6남매 중 차남이셨다. 서당에서 공부하던 19세에 아버님이 돌아가셔서 집안의 가장이 되셨다. 형님이 있었지만 무능했으므로, 하던 공부를 치우고 식구들을 위해 만주와 중국까지 가서 옷감을 가져다가 포목점을 운영하셨다. 19살 어린 나이에 식구들의 생계를 위해 얼마나 애를 쓰셨을지 생각하면, 지금도 할아버지의 그 외로움에 가슴이 멘다.

할아버지의 말씀 때문에 나는 '내 일을 갖고 살아야 한다'는 생각을 마음 한구석에 간직했다. 손녀딸이 여성이라 자신의 일을 하지 못할까 걱정하신 할아버지께서 심으신 싹이었다. 할아버지의 말씀은, 내 일이 이대로 좋은지 항상 돌아보고, 부족한 이유를 묻고 고치면서 항상 삶을 가꾸려고 노력하는 출발점이었다.

넷플릭스의 공동 창업자인 마크 랜돌프Marc Randolph의 아버지는 아들이 21살이 되던 해에 '8가지 성공 법칙'[31]을 글로 정리해 아들에게 전했다. 2019년 61세였던 랜돌프는 아버지의 이 8가지 조언을 아직도 욕실 거울 옆에 붙여 놓고 매일 읽는다. 그는 이 조언을 자신의 아이들에게도 전했다.

1. 요구받은 일보다 최소한 10%를 더 하라.
2. 절대로, 당신이 모르는 일에 대해 의견을 사실처럼 말하지 말라.
3. 언제나 예의를 갖추고 남을 배려하라.
4. 비난하지 말고 불평하지 말라.
5. 결정을 내릴만한 사실적 근거가 있을 때는 결정을 두려워하지 말라.

---

31. 〈아들을 성공시킨 아버지의 8가지 조언〉, 머니투데이, 2019.10.03

6. 가능한 계량화하라. 수치화할 수 있는 것은 숫자로 환산한다.

7. 개방적이되 의심하라.

8. 신속하게 행동하라.

이와 반대로 여기에, 인생을 망치는 것들[32]이 있다.

1. 자기가 무엇을 하고 싶은지 설명하지 못한다.

2. 부모에 대한 의존도가 높고 자기 주도로 학습하지 못한다.

3. 인터넷 게임이나 SNS 등을 많이 하며 독서나 운동은 내일로 미룬다.

4. 인생 목표가 없고 일상생활 계획도 없이 생활한다.

5. 독서 의욕이 없고 재능계발을 위해 아무 노력하지 않는다.

6. 중요한 문제가 생겼을 때, 적극적으로 해결하지 않고 외면하거나 대충 타협하려 한다.

7. 남의 잘못은 맹비난하지만 자기 잘못은 여간해서 인정하려고 하지 않는다.

자기 주도로 무엇인가 하지 못하고 더 나은 삶을 위해 노력하지 않으며, 문제를 피하고 다른 사람에게 의존한다면 인생을 망칠 수밖에 없을 것이다.

부자들은 스스로 어려서부터 일부러 고생을 사서 했다. 그들은 스펙

---

32. 김병현, 앞의 책

을 쌓기보다 사회생활을 경험하면서 체험하는 것을 선택했다. 그것이 성공에 이르는 기반이 된다고 생각했기 때문이다. 예컨대 성공한 미국 CEO들 대부분은 어린 시절에 신문 배달을 경험했다. 세계적인 마케팅 컨설턴트 제프리 폭스Jeffrey Fox는 모든 경영자의 기본이자 자기 관리의 기본이 되는 '신문 배달 10계명'[33]을 정리했다.

1. 절대로 빼먹어서는 안 된다.
2. 시간이 생명이다.
3. 아프지 않게 몸을 관리해라.
4. 휴가를 함부로 쓰지 않는다.
5. 캠프도 가지 않는다.
6. 비에 젖어 찢어진 신문은 있을 수 없다.
7. 자전거를 관리해야 신문을 잘 돌릴 수 있다.
8. 길을 절대로 잃어버려선 안 된다.
9. 피곤한 생활 습관을 버려라.
10. 변명은 통하지 않는다.

신문 배달은 돈을 벌기 위한 작은 일이지만 제대로 하려면 이처럼 노력과 헌신이 필요하다. 어려서 신문 배달을 한 경험이 성공한 CEO 가 되고 부자가 되게 했다는 것이다. 여기에는 여러 가지 교훈이 있다.

---

33. 김병현, 앞의 책

다음 날 어김없이 신문을 돌리려면 몸을 잘 관리해야 하며, 늦게 자거나 피곤해서 배달 일에 지장이 안 생기도록 바람직한 생활 습관이 필요하다. 날씨나 외적 요인에 핑계를 댈 수 없으며, 사회에서의 일은 어떠한 변명도 통하지 않는다는 것을 어려서부터 배운다.

요즘 부모들은, 자녀가 편의점이나 카페, 음식점 등에서 일하는 것에 대해 어떻게 생각하는지 궁금하다. 그런 건 가정 형편이 어려울 때나 하는 것이니 귀한 내 새끼에게 그런 걸 시킬 수 없다고 말하는 분들도 겪어봤다. 근데, 시급을 받아가며 남의 돈을 벌어본 아이는 생이 만만치 않음을, 부모도 힘들게 돈을 버는 것임을, 약속한 날짜와 시간에 출근해서 일하는 게 쉽지 않음을, 세상에는 진상이 참 많음을 알게 된다. 옛말에 '젊어 고생은 사서도 한다는 말'이 왜 있었는지 생각해보면, 고생과 여러 경험이 사람을 성숙하게 만드는 것 중 하나임을 조상들은 알지 않았을까?

우리 반에 밝고 긍정적인 학생이 있었는데 축구를 좋아했다. 조금 노력하면 공부도 잘 할 것 같아 같이 얘기를 했다. 학생도 공부를 열심히 하겠다고 해서, 학습계획을 같이 짰다. 며칠이 지나 이것저것 공부한 내용을 같이 점검하는데, 친구가 축구를 하자고 해서 축구를 했단다. 거절 못 해서 공부를 못했노라고.

앞의 신문 배달과 공부는 유사하다. 한 치의 오차 없이 책임감을 지니고 그날 해야 할 걸 해야 한다. 아주 적을 것 같은 하루 치가 밀리면 며칠이 헛되이 흘러가고, 나중에는 걷잡을 수 없이 공부와 멀어진다. 공부는 저항 장벽이 높다. 공부에 돌입하기까지 엄청난 유혹을 이겨내고 굳게 결심을 해야 공부에 진입할 수 있다. 반대로 놀거나 쉬는 것은 진입 장벽이 없다. 놀고 싶은 나와 이기는 게 어려운 만큼 그 열매는 달다. 몇 시간이라도 제대로 공부를 하면 실적도 있고 뿌듯함이 있다. 나에게 공부가 필요하다고 생각하면, 학교의 일과 시간 중에 점심시간과 자율학습 시간을 30분 단위로 나누어 공부할 과목과 시간을 계획에 넣어 내 공부를 관리해야 한다. 과목은 문과 성향과 이과 성향 것을 교차로 넣는 것도 바람직하다. 또 집에 와서 3시간은 무엇을 할지 촘촘하게 관리한다면, 두 달이 지나지 않아 변화가 오기 시작할 것이다.

새뮤얼 스마일스Samuel Smiles는 말했다. "생각을 심으면 행동이 바뀌고, 행동이 바뀌면 습관이 되고 습관이 되면 성격이 달라지며 성격이 달라지면 운명이 달라진다."[34] 그러나 생각을 바꿔도 실천하는 데 오랜 시간이 걸릴 수 있다. 실천하지 않으면 소용이 없다. 행동해도 습관이 바뀌는 데 6개월이 걸린다. 습관이 바뀌고 10년을 유지해야 성격이 달라지고 20년이 걸려야 운명이 달라진다고 한다.

이국종 교수는 불모지와 같았던 한국에 외상센터를 개척하기 위해 치열하고 뜨겁게 일해 온 사람이다. 죽어가는 환자를 위해 마지막 지푸라기를 붙잡듯 그는 묵묵히 걸어왔다. 외압이 있어도 그는 모든 힘을 오직 환자에게 집중했다. 의사로서, 외상센터의 책임자로서 그는

---

34. 〈윤영호의 웰다잉 이야기〉(11) 너무 늦기 전, 더 미루지 말고…'자신만의 전설'을 만들어가자. 경향신문, 2019.11.14

늘 환자를 살려내는데 충실했다. 이 교수는 소아 중증외상 환자가 소년이 되고 청년이 되어 병사용 진단서를 발급받으러 찾아왔을 때, 좋았다고 회상했다. 자신이 치료한 아이가 변해가는 모습을 보고 그 아이가 들려주는 이야기를 듣는 게 좋았다고. 죽다 살아난 어린 생명이 자라서 사회의 한 축이 되어줄 거라고 믿을 때 이 교수는 보람을 느꼈을 거다. 어쩌면 그것이 자신의 인생에서 유일하게 가질 수 있는 의미일 거라고 생각했다.[35]

이 교수는 어릴 때 잘 대해주시던 의사 김학산 선생님에게 고마워하면서, 의사가 다른 개인의 인생에 미칠 수 있는 무게를 생각했다. 모든 걸 걷어내고, 의사가 환자를 살려내고 거기에서 생의 의미와 보람을 느낀다는 데 숭고한 마음이 들었다. 삶을 바라보는 그와 시선을 맞추면 좋은 결과를 가져올 하나의 요인을 만날 수 있다. 우리도 보람을 가져올 어떤 일을 분명히 해낼 수 있으니까.

《나는 걷는다》[36]의 저자 베르나르 올리비에Bernard Ollivier는 기자였다. 은퇴 후 그는 실크로드를 걸어서 여행하기로 결심한다. 그는 4년 동안 봄부터 가을까지, 이스탄불에서 중국 시안까지 걸어서 여행했다. 두꺼운 책 세 권은 그가 하루하루를 걸으면서 말도 통하지 않는 사람들과 나눈 기록이다.

35. 이국종, 《골든아워》, 흐름출판, 2018
36. 베르나르 올리비에, 《나는 걷는다》, 효형출판, 2004

베르나르는 걷는 것이 놀랄 만한 미래를 만들어낸다는 사실에 감탄했다. 아무도 없는 사막에 있었으며, 낯선 사람을 환영해주는 사람들에게도 감동받는다. 길을 잘못 들어 때론 위험에 처하기도 하고 사람들에게서 많은 도움을 받게 된다. 이방인이라 위험할 거라 짐작했지만, 우리의 생각이 그럴 뿐 사람 사는 모습은 거의 비슷했다. 때로 무슬림 사원에서 잠을 얻어 자고, 두려워도 앞으로 나가고, 멈추고 싶은 자기와 싸우면서 그는 배웠다. 두려운 건 내 안에 있는 것이지 밖에 있는 게 아님을. 그 후 올리비에는 비행 청소년들에게 재활의 기회를 주는 '쇠이유Seuil 협회'를 설립했다. 실크로드 여행을 담은 이 책의 인세는 협회의 운영비로 쓰인다.

'저는 행복한 사람입니다'라고 말하는 사람들의 공통점이 있다. 자신의 일을 사랑하고, 주변 사람들과 잘 어울려 소통한다는 것, 값진 노력을 통해 성취한다는 것, 돈을 많이 버는 것을 넘어서서 나눌 줄 안다는 것이다.[37]

지금 우리가 부러워하는 그 사람도 시련을 견디고 바람을 맞으면서 목표를 향해 걸어간 사람이다. 힘도 들고 시련을 만나고, 어렵게 이룬 것을 통해 삶의 지혜를 배웠을 것이다. 그들은 생각하고 실천했다. 그리고 자신이 선택한 일을 사랑했기에 열정과 노력, 책임을 다했을 거다. 자신과 사회를 위해 어떤 일을 할 수 있는지 고민하고 답을 찾아가

---

37. 최현정, 《진로를 정하지 못한 나, 비정상인가요?》, 팜파스, 2016

는 과정이 삶이다.

지금의 자기가 싫다면, 지금의 자기 상황이 불만이라면, 바꾸려는 노력을 더더욱 해야만 한다. 노력하는 사람이 모두 다 성공하는 것은 아니지만 성공한 사람은 모두 노력가이다.[38] 어떤 사람으로 살아갈지는 내 의지에 달렸고, 이런 기회는 나만이 줄 수 있다.

포인트

① '8가지 성공법칙'이 주는 교훈에서 배우기
② 타인에게 의존하지 않고 자기 주도로 일을 하고 문제를 피하지 않고 해결한다.
③ 스펙과 함께 돈 버는 여러 가지 일을 경험한다.
④ 공부를 잘 하고 싶다면 작은 걸음부터 시작하고, 시간을 쪼개서 알차게 쓴다.
⑤ 여러 가지를 시도해 보고 내가 옳다고 믿는 일에 열정과 노력을 다한다.

---

38. 나까지마 가오루, 《지금 시작하자 늦었다고 생각한 순간이 가장 빠른 때다》, 학원사, 2000

변화하는 시대에
학력의 가치는?

화가 몽우夢友 조셉 킴(본명 김영진)[39]은 초등학교 5학년에 학교를 그만
뒀다. 그는 친구들과 한창 뛰어놀 나이에 암과 백혈병, 간질 같은 병에
시달렸다.

남처럼 오래 살 수 없다면 살아 있는 동안 좋아하는 그림이나 실컷
그려볼 생각으로, 몽우는 인사동 거리의 한쪽 공방에서 치열하게 그림
을 그렸다. 이즈음 세계적인 피카소 전문 컬렉터인 토머스 마틴Thomas
Martin을 만났다. 마틴을 스승이자 매니저로 맞은 뒤 그의 한국화에는
서양화의 중후한 감각이 곁들여졌다. 1999년 뉴욕에서 전시회를 열었

---

39. 화가 몽우에 대한 내용은 《여성동아 2011년 8월》, 〈꿈을 꾸는 천재화가 몽우 조셉 킴〉 피플 투
데이, 2015.12.24 참조

는데, 저명한 미술 관계자들과 금융계 인사들이 모인 그 파티장에서 몽우의 작품 5백점이 단 이틀 만에 매진되는 파격적인 일이 벌어졌다.

몽우는 모멸감에 왼손을 망치로 내리친 후, 오른손으로 다시 그림을 그렸다. 그림을 그릴 수 있는 유일한 도구로 남은 오른손은 그에게 겸손을 가르쳐주었다. 오른손잡이가 되면서 몽우는 자신이 타고난 천재가 아닌, 그냥 그림 그리기를 좋아하는 평범한 화가라는 사실을 받아들였다. 익숙하지 않은 오른손으로 여러 가지 기법을 시도하고 다양한 재료로 실험을 했다. 작품을 대하는 시야가 넓어졌다. 내면적인 것을 표현해내고, 이상과 가치관 표현이 가능한 자신만의 작업이 나왔다. 예전에 그의 왼손 사실화를 좋아했던 컬렉터들이 바뀐 그의 그림을 점점 사랑하게 됐다. 몽우는 맑은 영혼에서 솟아나는 행복을 그림으로 전달한다. 어둡고 아팠던 날을 뒤로 하고, 그의 그림은 행복을 전도했고 많은 이들이 희망을 꿈꿀 수 있게 됐다. 그는 향후 몇 년 간의 전시 계획이 줄줄이 이어져 있다. 몽우는 말한다. "저의 행복이 담긴 그림들을 보며 하시는 분야에서 행복을 느꼈으면 좋겠어요."

몽우는 초등학교 5학년에 학교를 그만둔 이후에도 배우는 것을 멈추지 않았다. 아버지에게서 전각과 예술의 바탕을 배웠고 유대인 아브라함 차에게서 미술과 종교, 문학, 예술, 법학, 언어 등을 배웠다. 그는 원하던 그림 그리는 것에 열정을 갖고 매달렸다. 긴 터널 같은 시련이 있었지만 그림을 향한 그의 치열함이 그를 다시 일어서게 했다. 몽우의 내면에서 나온 울림이 화려하고 행복을 주는 색감으로 캔버스를 물들였다. 그의 그림이 보는 이의 마음까지 행복하게 만드는 이유가 있다. 그 이유를 몽우는 "살아 있다는 게, 그림을 그릴 수 있다는 게 얼마나 감사하고 행복한지 몰라요"라고 말했다. 몽우는 배우기를 멈추지 않았고 자신의 꿈을 위해 한순간도 노력을 멈추지 않았다. 화가로서 인정받는 데 그의 학력은 중요하지 않다.

우리 부모들은 자녀를 명문 대학에 보내기를 원한다. 현실에서 봐도 자녀의 대학 진학에 총력을 다 하는 모습이다. 지인의 남편이 실직했을 때, 그분은 남편에게 관심을 기울이기보다 딸의 대학 입시에 더 집중했다. 앞으로의 생계가 걱정일 텐데, 딸의 대학이 더 중요하다니! 믿기 어려웠다. 그만큼 우리나라에서 대학에 가는 것은 먹고 사는 것보다 중요하고 명문대에 진학하는 것이 부모의 삶 전체보다 대단한 것으로 보인다.

몇 년 전, 학급 게시판에 붙인 자료가 있었다. 10대에서 50대까지 살면서 후회하는 일을 조사한 것이었다. 그런데 10대에서 50대까지 후회하는 일의 1순위는 모두 똑같았다. 그것은 모두 '공부 좀 할걸'이었다. 몇십 년이 넘게 우리 사회는 고학력을 가진 사람이 사회에서 성공하고 주류에 속해 왔기 때문으로 보인다. 이런 현실을 아는 부모들은 자녀들이 공부를 잘 해서 명문대에 진학해야 한다고 강조한다. 50대는 그렇다고 해도 10대 학생들까지 '공부하지 않은 것을 가장 후회한다.'라는 사실을 쉽게 납득하기 어려웠다. 아이들은 지금 막 인생의 시작점에 있고 이제부터라도 공부를 열심히 하면 될 텐데 왜 벌써 후회를 할까? 아이들은 그 어린 나이에 이미 패배감에 사로잡혀 있었다.

우리의 학벌 체제를 현대판 신분제로 보기도 한다. 대학 졸업장이 있는가 없는가가 중요하고, 서열화된 대학의 졸업장은 죽는 순간까지 효력을 발휘하고, 학벌 경쟁에서 승리한 이들은 특권의식을 갖고, 특권을 당연한 보상으로 여겨왔다고 홍세화는 말한다.

만 18세에 인생의 서열이 정해져 사회구성원은 대학 입시를 위해 한 번, 임용이나 취직을 위해 한 번 공부한다고 비판한다. 남과 벌이는 경쟁에서 이기려고 두 번 긴장할 뿐, 자기성숙을 위한 모색과 긴장은 거의 죽은 사회라고. 또 국가경쟁력을 위해 사회구성원들을 대학 간판의 억압에서 해방해야 한다고 주장한다. 사회구성원들이 남과의 경쟁이 아니라 자기와 부단히 싸우면서 성숙의 길을 모색할 때 국가경쟁력을 얻을 수 있고 민도를 높여 문화국가의 지평을 열 수 있다고.[40]

핀란드 제1당인 사회민주당의 산나 마린Sanna Marin 의원이 2019년 12월 총리로 공식 취임했다. 34세인 마린 총리는 현직 국가수반 중 전 세계 최연소 지도자다.[41]

그런데 발트해 건너 핀란드와 마주 보는 에스토니아의 내무장관 마르트 헬메Mart Helme는 마린 총리와 연립정부를 꾸린 정당의 지도자 넷이 모두 35세 이하의 여성인 점을 들어 직무능력에 의문을 표했다. 극우성향인 에스토니아 국민보수당(EKRE)의 당수인 70세 헬메는 라디오

---

40. 홍세화, 앞의 책
41. 〈국민일보〉, 2019.12.12

토크쇼에 나와 "이제 우리는 한 젊은 여점원이 총리가 되고, 다른 거리의 활동가들과 교육받지 않은 사람들이 내각에 합류한 걸 본다"라고 말했다.

마린 총리는 스스로 불우한 여건에서 자랐다고 말한다. 그는 가족 중에 최초로 고교를 졸업하고 대학을 마친 것으로 알려져 있다. 대학에 들어가기 전 현금 수납원으로 일해 돈을 모아 공부를 했고, 정치에 입문했다. 마린 총리는 헬메 장관의 모욕이 아무렇지도 않은 듯, 트위터에 "난 핀란드를 엄청 자랑스럽게 여긴다"라면서 "여기선 가난한 가정의 아이가 공부해서 인생의 여러 가지 것들을 이룰 수 있다. 가게의 현금 수납원도 총리가 될 수 있다"라고 답했다.[42] 멋진 총리다. 자신과 연립정부를 모욕한 에스토니아 헬메 장관에게 감정적으로 대응하지 않고 핀란드를 자랑스럽게 여기는 답을 했다. 출신에 구애받지 않고 지도자를 선출한 핀란드는 자랑스럽다는 단어가 어울리는 나라이다. 나이와 출신, 학력이 그 사람의 능력보다 중요하지 않다.

또 자기 인생을 살겠다며 고등학교 1학년을 마치고 중퇴한 소녀가 47년이 흘러 호주 최초의 여성 연방대법원장이 됐다.[43] 62세의 호주 연방 대법관인 수전 키펠은 신임 대법원장에 임명됐다. 호주 연방대법원장에 여성이 임명되기는 1903년 대법원이 출범한 이래로 처음 있는 일이다.

---

42. 〈서울신문〉, 2019.12.17
43. 〈아시아경제〉 2016.12.02

키펠은, 고교 1학년을 마친 15세 때 기술전문학교에 가서 비서업무를 배우고 싶어 학교를 중퇴했다. 비서업무를 배운 키펠은 주택금융조합의 타이피스트로 일했고, 곧 브리즈번 법률회사의 안내 부서로 자리를 옮겼다. 여기서 한 변호사가 키펠에게 법률 공부를 하도록 자극을 줬고, 이때부터 키펠은 낮에는 일하고 밤에는 법정 변호사 자격 과정 BarristersAdmission Board에 등록해 공부를 시작했다. 그는 "풀타임으로 일하고 밤에 공부하면서, 5년 동안 휴가를 전혀 갖지 못했다"라고 털어놓았다. 마침내 그는 21살 때 변호사 자격을 획득하고 변호사로 활동했으며 영국 케임브리지대학에서 법학 석사 학위도 땄다. 키펠은, 또래보다 이른 나이에 열심히 일하는 것을 배웠지만, 판사가 되고 싶다는 꿈이 있어 즐거웠다고 설명했다.

학생들과 성인 대부분은 나에 대해 고민할 시간도 여유도 없다. 대입을 위해 다른 어떤 공부도 허락하지 않는 특수한 환경 때문에, 대학에 가지 못하면 큰일이 날 것 같은 사회 분위기 때문에 무조건 대학에 가고자 한다. 학생은 물론 성인도 자신에 대해 잘 모른 채 현 상황의 해결책만 갈구하는 모습이 안타깝기도 하다. 나에 대한 사소한 관심과 생각하는 연습을 할 필요가 있다. 그것은 바로 나만의 개성, 즉, 나만의 브랜드를 창조하는 밑거름이기 때문이다.[44]

우리 시대에 가치 있는 것이라고 인정받았던 것들의 가치가 미래에

---

44. 김은희, 《10대, 인생을 바꾸는 진로수업》, 미다스북스, 2019

는 가치가 없을 수 있다. 누구도 미래를 경험하지 못했기 때문에 여태까지의 것들이 중요하다고 생각한다. 대학에 진학해서 안정된 직장에의 취직도 중요하지만, 미래에도 여전히 가치를 지닐 수 있는 것에 관심을 기울여야 한다.

'더 반찬'을 창업한 전종하 전 대표는 말했다.[45] "자녀가 지금 대학에 가지 않는다고 평생 대학 문턱에도 못 갈 것이라 생각하지 말라"고 말하면서 "지금이 아니더라도 기회는 평생에 걸쳐 있다"고 했다. "사람은 필요하면 찾게 되고 노력도 하게 된다"는 것이다.

미래에는 학력이 고수입을 보장하지 않을 수 있다. 진로 선택의 상식이 바뀌고 있다. 부모는 '안정된 곳에 취직이 가능한 대학'에 진학시키고 싶지만, 그게 어떤 대학일지 부모 세대가 겪은 것과는 다르다.[46]

여태까지와 같이 진로를 선택하면 후회할 수 있다. 포인트는 '남과 다른 길로 가라'다. 남과 다른 길을 가더라도 여유를 품어야 한다. 선택한 길로 가서 실패를 겪고 좌절하더라도 다시 시작할 수 있는 용기와 나에 대한 믿음을 새겨야 한다.

지금의 일이 잘 풀리지 않아서 빠져나갈 핑계를 만드는 것인지, 진정으로 하고 싶은 일을 찾는 것인지 잘 판단해야 한다. 정말 하고 싶은 일이 생기면 핑계가 아니라 방법이 떠오르고, 하고 싶은 일을 찾았다

45 지식비타민, 2017.06.13
46. 니시카와 준, 《학력의 경제학》, 사과나무, 2016

면 당연히 처음부터 다시 시작해야 한다.[47]

내게 정말로 중요한 것이 무엇인지, 그것이 대학 진학인지, 앞으로의 세상에 필요한 사람은 어떤 사람인지, 내 열정을 어떤 일에 쏟을 것인지를 머리가 아프도록 고민해야 한다. 또 지금의 직업으로 평생 그일만 하면서 살아가야 하는 것도 아니다. 처음엔 몰랐지만, 살아가면서 진심으로 하고 싶은 일이 생긴다면 다시 도전하면 된다. 내가 포기하지 않으면 아무도 나를 이길 수 없다.

① 학력도 중요하지만, 내가 가치 있다고 생각하는 것에 관심을 기울인다.
② 배우는 것을 멈추지 말고 목표를 위해 조금씩 나아간다.
③ 남과의 경쟁이 아니라 자신과의 경쟁으로 성장을 모색한다.
④ 내 열정을 어느 곳에 쏟을지 고민한다.
⑤ 어떤 상황에서도 늦었다는 생각보다 다시 시작하는 용기를 품는다.

---

47. 전국 진로진학 상담교사38인, 앞의 책

2장

준비물을 갖고
길 떠나기-2

외모와 내면의 가치

　우리 사회는 '외모가 최고'라고 여기는 분위기가 있다. 외모가 중요하지 않다고들 말은 하지만, 현실에서는 외모가 직업이나 지위까지도 결정한다. 대한민국의 성형수술 기술이 세계 최고 수준이라고 하는데, 다른 말로 하면 '세계에서 성형수술 욕구가 가장 높다'라는 뜻이다. 안타깝지만 많은 이들이 외모를 그 사람의 인격과 동일시하기도 한다.[48]

　다른 한쪽에서는 남이 원하는 여성의 모습을 거부하는 '탈 코르셋 운동'이 일고 있다. 미인이 아니라고 해서 인신공격을 받을 필요 없는 세상을 만들기 위한 움직임이다. 이 운동은 남들이 기대하는 나의 모습과는 거리를 두고 싶어한다. 여성은 예쁘게 치장해야 하고 치마를

---

48. 박기복, 《철학 콘서트, 장자》, 행복한 나무, 2015

입는 등 사회가 강요하는 모습에 대한 부담을 내려놓자는 의미다.

'탈코르셋 운동'에 참여한 여성들의 목소리를 담아 책[49]을 쓴 이민경 작가는 현재 학교가 '꾸밈' 문화 속에 있고, 주위의 시선에 불안감이 있다고 한다.

'모두가 꾸미게 되면 안 꾸미는 사람이 배제된다. 우리도 또래 집단에서 배제되는 게 어떤 의미인지 잘 알고 있지 않나'라면서 '이젠 화장하지 않은 얼굴이 결점이 된 것이다. 옷을 안 입거나 신발을 안 신고 밖에 나갈 수 없듯 화장을 안 하고 밖에 나갈 수 없는 것이다. 그러니 지각을 해도 화장해야 한다는 이야기도 나온다. 집에서 거울을 놓고 오면 불안해서 바로 다시 가서 산다'고 쓰기도 했다. '만일 꾸미는 게 마냥 좋아서 꾸미는 거라면 불안할 일이 없지 않겠나'라는 것이 작가의 지적이다.[50]

지금은 여중생들도 등교할 때나 교정에서도 화장한다. 간혹 여드름이 괴롭히기는 하지만 보송한 피부를 지닌 10대 여학생들이 진한 '색조 화장과 머리 손질 코르셋'으로 자신을 가두는 것이 진정 필요한 것인지 스스로 물어보면 좋겠다. 또 화장이 싫은 친구에게 화장을 강요하는 경우는 주위에 없는지 돌아보면 좋겠다. 모두와 다른 게 남에게 피해를 주는 게 아니라, 다르다고 남을 이상하게 취급하는 그 편협함이 남

---

49. 이민경, 《탈코르셋 : 도래한 상상》, 한겨레출판, 2019
50. 〈탈코르셋 조건은 짧은 머리, 맨얼굴, 바지. 왜냐면〉 오마이뉴스, 2019.9.8

에게 피해를 주는 것이다. 부디 연예인처럼 과한 화장으로 자신과 친구들까지 괴롭히는 우를 범하지 않기를!

'왕태'는 한쪽 다리를 잃은 장애인인데, 제자들이 공자 못지않게 많았다. 공자의 제자인 '상계'는, 장애인인 왕태가 공자 못지않게 존경받고 따르는 제자가 많은 이유를 알지 못했다. 그래서 스승인 공자에게 질문을 던지자 공자는 왕태에 대해 말한다.

"보통 사람은 살고 죽는 문제를 크게 여기나 왕태는 삶과 죽음을 아무렇지도 않게 받아들인다. 세상이 뒤집혀도 눈 하나 깜짝하지 않을 사람이다. 왕태는 세상 만물이 모두 하나임을 깨달았다. 왕태는 두려움이 없으며, 무엇을 하든 어떤 거리낌도 없다. 왕태는 세상 사람들의 평가나 인정 따위엔 신경쓰지 않는다. 왕태는 자기에게 발 하나 없어도 아무렇지도 않으며, 발 하나 잃은 걸 그저 흙 한 줌 버리는 정도로만 여긴다. 그렇기에 세상 사람들이 왕태를 따른다."[51]

상계는 왕태의 겉모습만 보고 업신여겼지만, 공자는 왕태의 사람됨을 알아보았다. 가끔 겉모습에 현혹되기도 하지만, 우리는 안다. 사람의 참모습은 겉이 아니라 내면에서 온다는 걸.

'신도가'는 장애인이다. '자산'은 신도가와 함께 한 스승 밑에서 배우는 친구다. 그런데 자산은 신도가를 꺼려한다. 당시에는 장애인을 인

---

51. 박기복, 앞의 책

간으로 취급하지 않았기 때문에, 자산도 마찬가지였다. 계속 무시를 당하던 신도가가 어느 날 자산에게 따끔하게 충고한다.

"멀쩡하게 살다가 장애가 생기면 그것을 받아들이기 힘들다. … 불행이 닥치면 그저 받아들일 뿐이다. 어떤 사람은 자기 두 발이 멀쩡하다고 장애인인 나를 무시한다. 그러나 스승님은 다르다. 평소에 장애인이란 생각으로 힘들어하다가도 스승님 앞에만 가면 내가 장애인이란 사실조차 잊는다. 스승님이 맑은 마음으로 나를 대하니 나도 내 몸을 겉이 아니라 맑은 마음으로 대하게 된다."[52]

신도가는 장애를 아무렇지 않게 받아들인다. 그저 하늘이 주신 몸이니 받아들이는 마음이다. 신도가의 논리에 따르면 평소에 장애를 이유로 신도가를 무시한 자산은 못난 사람이다. 또, 스승님은 외모로 사람을 평가하지 않는다. 신도가는 자신을 존중해주는 스승을 통해 자기를 존중하는 법을 배운다.

장애를 지닌 사람, 얼굴이 잘생기지 못하거나, 키가 작은 사람이 못난 사람이 아니다. 외모만 보고 사람을 낮추어 보는 이들이야말로 못난 것이다. 못난 외모를 이유로 콤플렉스에 빠지면 진짜로 못난 사람이 되지만, 못난 외모를 아무렇지 않게 받아들이고 당당한 삶을 꾸리면 큰 사람으로 탈바꿈한다.

시간과 함께 누구나 어른이 된다. 나를 먹여주는 경제적 독립은 내

---

52. 《莊子》, 삼성출판사, 1982

능력 즉 내면의 자산으로 이루어 낸다. 내면의 자산은 남이 대신할 수 없다. 몇몇 연예인들은 외모가 경제적 독립을 이루는 방법이지만 일반인들은 내적 자산으로 독립을 할 수 있다. 그러니 내 삶이 걸린 내면에 대한 투자가 화장보다 우선인 듯하다. 아침마다 1시간 가까이 화장하고 머리 손질하는 시간은 매우 아깝기도 하겠는데. 10대, 20대는 나를 위한 투자가 필요한 시기이다. 이루고 싶은 꿈을 위해 투자의 때를 놓치면 나중에는 몇 배의 힘이 들기도 하고 후회도 할 수 있다. 자기를 위한 일은 누군가 대신해줄 수 없고, 이는 세계 어느 지역의 젊은이라도 예외는 없다.

사람들은 더 젊고 멋지게 보이고 싶어 화장하고 성형수술을 한다. 잘생긴 얼굴에 너그러운 사회를 생각하면 당연한 일이기도 하지만 수술로 완벽한 얼굴을 얻는다 해도 심리적인 문제가 해결되지 않을 수 있다.[53] 수술로 얻은 외모는 세월과 함께 변하거나 사라질 수 있는데, 그때마다 수술을 계속할 수도 없다. 시간이 흐르면 아름다웠던 얼굴은 주름지고 퇴색한다. 이건 누구도 막을 수 없다. 하지만 내면의 아름다움은 시간과 상관없이 추해지지 않으며 더 성숙하게 변모하기도 한다.

내면이 아름다운 사람이 대개 미인이다. 미디어가 광고하는 성형미인이 아니라 내면에서 배어 나오는 아름다움이 소중하다는 뜻이다.[54]

고등학생들의 토론 중에, '사람들의 외모보다는 개성과 능력이 더

---

53. 김이경, 《마녀의 독서 처방》, 서해문집, 2010
54. 요한 볼프강 폰 괴테(원저), 데키나 오사무(편저), 《괴테가 읽어주는 인생》, 흐름출판, 2014

중요하다고 생각한다'라는 내용이 있었다. 스스로 외모보다는 능력과 개성을 우선시하는 사고방식을 가져야 한다고 생각하는 학생들이 많았다. 외모 콤플렉스는 누구나 갖고 있다. 콤플렉스를 단점이라 여기지 말고 개성이라는 각도에서 보기를, 이 사회의 부당한 편견 앞에서 미리 움츠릴 필요는 전혀 없다고, 자신의 모습을 있는 그대로 인정하는 것이 무엇보다 중요하다고, 학생들이 자신과 사회에 외친다.

인품을 갖추지 않은 사람이 온갖 명품으로 치장한다고 해서 돋보이는 게 아니다. 타고난 재능을 연마해 전문가로서 지혜와 덕이 높으면 외모가 어떻든 돋보인다. 그리고 배려와 예절을 배우고, 풍부한 지식과 경험을 쌓아 내면을 멋지게 가꾸면서, 자신만의 차별화된 재능을 살리는 게 매우 중요하다. 명품 인재상은 인간미가 넘치고 삶의 지혜가 풍부하며, 리더십도 남다르고, 인류사회에 새롭고 유익한 공헌을 하며, 희망찬 미래를 여는 창의적인 사람이다.[55] 자존감과 자신감은 내면에서 나올 때 훨씬 강력하다.

여기에 더해 능력이 있고 내면이 단단하면 기죽을 필요가 전혀 없다. 전에 살던 아파트 아래층 이웃은 키가 몹시 작았으나 그녀의 직업은 의사였다. 늘 밝고 신나게 인사하고 구김이 없었다. 키가 조금 모자라도 외모에 상관없이 열심히 노력하여 전문직에 도전했기 때문에 그녀의 외모는 문제가 되지 않았다. 외모나 성격에 단점 없는 사람은 없

---

55. 김병현, 앞의 책

다. 부족한 우리가 단점을 극복하는 방법이 그 사람을 변하게 하기도 한다.

우리 대부분은 자신의 외모가 마음에 들지 않는다. 주변에 완벽에 가까운 미인이 그리 많지 않은 걸 보면 안다. 그런 미인은 이미 연예인이 됐을 테니, 남은 우리는 외모로 보자면 다들 조금씩 모자란다. 그리고 만날 나만 돋보일 수 없으니 외모로 나를 튀게 하는 건 한계가 있다. 외모와 겉 차림은 삶의 한 부분이다. 우선순위는, 사회의 한 개체로서 역할과 가치 있는 일을 위해 나에게 투자하는 것이다. 얼굴이나 외모와 달리 내면은 내가 원하는 대로, 원하는 만큼 채울 수 있다. 다양한 독서와 여행, 여러 분야에서의 경험과 실생활에서의 체험은 단기간에 채울 수 없다.

여기 멋진 동화가 있다.

엘리자베스 공주는 멋진 성에 살면서 근사한 옷을 입고, 로널드 왕자와 곧 결혼할 예정이었다. 하지만 어느 날 무서운 용 한 마리가 나타나 성의 모든 것을 다 태우고 왕자를 납치해 간다. 엘리자베스는 옷이 다 타버려 종이를 걸치고, 왕자를 구하기 위해 용을 찾아간다. 공주는 꾀로 용을 물리치고 왕자를 구해낸다. 하지만 왕자는 자신을 구해준 엘리자베스에게 말한다.

"엘리자베스, 너 꼴이 엉망이구나! 머리는 온통 헝클어지고, 더럽고, 찢어진 종이봉지나 걸치고 있고, 진짜 공주처럼 챙겨 입고 다시 와!"

공주는 "그래 로널드, 넌 옷도 멋지고 머리도 단정해. 진짜 왕자 같

아. 하지만 넌 겉만 번지르르한 껍데기야!"[56]라고 말한다.

자신을 구해준 공주를 향해 겉모습을 탓하는 왕자를 거부하면서, 공주는 삶에서 무엇이 진정으로 중요한지 알려준다. 남의 뜻에 맞추기 위해 자기를 잃어버리는 것은 어리석다.

포인트

① 사람의 참모습은 외모가 아니라 내면으로 평가받는다.
② 부족한 외모가 존재하는 게 아니라 개성이 존재한다.
③ 외모보다는 자신만의 차별화된 재능과 능력을 키워야 한다.
④ 다른 이에게 잘 보이기 위한 겉모습보다 내가 만족할만한 전문 능력이 중요하다.

56. 로버트 먼치 글, 마이클 마첸코 그림, 《종이봉지 공주》, 비룡소, 1998

진정한 성장과 발전은
오직 나에게 달려 있다

공연 〈난타〉를 기획한 송승환[57]은 대학에 다니다가 그만두었다. 이 일이 본인의 인생에서 가장 큰 용기를 낸 일이었다고 말한다. 문화사업으로 큰 수익을 내고 싶어 1985년 미국으로 공연을 배우러 떠난다. 그의 인생에 두 번째 용기였다. 뉴욕 브로드웨이에서 뮤지컬을 경험하고 1989년부터 뮤지컬을 제작했지만, 수익이 나지 않아 시장을 넓히기 위해 고민했다.

언어 장벽을 해결하기 위해, '언어가 없는 공연'으로 만든 게 '난타'다. 한국적인 사물놀이에 스토리와 구성을 가진 연극으로 만들었다. '요리사들이 하는 즐거운 공연'을 주제로 정하고 호암아트홀에서 첫 공연을 올렸고 '난타'가 세계 시장에 데뷔한다.

---

57. 김창남(엮음), 앞의 책

그는 1999년, 서울에 '난타전용극장'을 열고, 한국에 오는 관광객에게 초점을 맞춘다. 여행사에 난타를 소개하고 해외 큰 도시의 여행사 직원들을 초청해 난타를 알렸다. 그 결과, 극장의 외국인 점유율이 80%를 넘어섰고 그것이 지금까지 유지된다. 이제 우리나라를 찾는 관광객들은 저녁에 난타 공연을 보는 게 필수 코스고 반응은 뜨겁다. 문화사업이 큰 부가가치를 가져올 수 있는 예다. '난타'를 만들기까지, 관광객에게 공연을 보여주기까지 송승환은 열정과 발로 뛰었다. 그는 대학에서의 학업도 중요하지만 내가 하고 싶은 일에 열정을 가지고 집중하는 삶을 권한다. 자신이 그랬던 것처럼.

모든 사람은 자신만의 재능을 갖고 있다. 강점은 내가 크게 성장하기 위한 가능성이다. 나의 성장 가능성을 타진하기 위해 내 안에 숨어 있는 강점을 찾아내야 한다. 강점을 알면, 자존감이 높아지고 행복해진다. 강점은 생활에서 찾을 수 있다. 그 장점은 자세히, 꾸준히 봐야 한다.

'SAI 강점 검사'[58]에서는 자신의 강점을 찾는 내용을 다루고 있다. 정해진 규칙을 중요하게 여기고 따르는 규칙 준수, 리더십, 긍정적인 태도를 가진 낙관성, 타인과의 경쟁에서 이기는 것을 중요하게 여기는 것, 바른말과 행동을 하는 예의, 미래 지향성 등으로 구성된 이 검사는 자신의 강점을 좀 더 객관적으로 확인할 수 있어 어떤 일을 선택할

---

58. 김은희. 앞의 책

지 방향을 제시해줄 수 있다. 이 검사를 활용해 부정적인 생각은 털어 버리고, 의지가 약해지면 내가 무엇을 할 수 있었는지 적어보고, 변화에 대한 두려움을 버려야 한다. 앞으로 급변할 세상과 만나려면 늘 새로운 도전을 멈추지 않으면 안 된다.

다음은 어느 상담교사의 글이다.

학생들 가운데 한 명이 누군가를 손가락으로 가리키면서 비아냥거렸다.

"뭐지? 저 촌스러운 옷차림은?"

옆에 있던 아이가 거들었다.

"저 근거 없는 자신감은 또 뭐냐?"

아이들이 보고 있는 쪽으로 고개를 돌려 보니 공무원 시험에 합격한 K가 걸어가고 있었다. 내가 아는 척을 하려는데, 또 다른 아이가 말했다.

"야, 그 형이잖아. 공무원 합격한 형."

아이들의 비아냥거림이 순식간에 쑥 들어갔다.

"이야. 저 형은 좋겠다."

"부럽네. 나도 저 형처럼 되고 싶다."[59]

바로 이것이 학교 안에서 이루어져야 할 희망의 선순환이라고 교사

59. 전국 진로진학 상담교사38인, 앞의 책

는 말한다. 한 학생의 모습이 다른 학생에게 계기를 불러일으키고, '나도 되고 싶다'는 목표와 의지를 돋우는 일. K는 함께 살던 할머니가 돌아가시면서 결손가정의 소년 가장이 되었다. 그는 고2부터 모든 노력을 기울여 공무원 시험을 준비했고, 고등학교를 졸업하기 전에 합격했다. 이 학생의 이야기는 힘들고 어려운 환경에 처해 있더라도 포기하지 않고 절망하지 않으면 반드시 뜻을 이룰 수 있다는 희망의 증거다.

고흐[60]는 생전에 위대한 화가로 평가를 받지 못했다. 화상이었던 동생 테오의 도움을 받으며 늘 기도하는 수도자처럼 그림을 그렸다. 고흐에게 캔버스는 신앙을 고백하는 장소였다. 그는 항상 그림에 대한 열망을 가지고 작업을 했다. "나는 일이 반드시 필요한 사람이다. 솔직히 말하자면 작품을 하면서 게으름을 피운다는 건 내게 거의 있을 수 없는 일이다"라고 했다.

1889년 6월에 그린 〈별이 빛나는 밤〉과 〈카페테라스의 밤 풍경〉은 바래지지 않는 풍부한 색깔로 보는 사람을 행복하게 만든다. 당장 인정받거나 결과가 보이지 않더라도 고흐는 피나는 노력을 했다. 그는 자신만이 나타낼 수 있는 선과 빛깔을 내기 위해 수도 없이 그렸으며, 덕분에 우리는 그의 작품을 만날 수 있다.

중국에서 몇 년 산 적이 있다. 한 성의 성도인 N시에는 10개가 넘

60. 파스칼 보나푸, 《빈센트가 그린 반 고흐》, 2002, 눌와

는 대학교가 있었다. 살던 곳에서 2~3분 거리에 두 개의 대학교가 있어 언어도 배우고, 산책도 자주 했다. 늦은 밤에 대학에 갔는데, 스타디움에 불이 환했다. 가까이 가보니, 그 넓은 곳에서 학생들이 저마다 운동을 하고 있었다. 근데 불이 밝은 데는 또 있었다. 큰 빌딩의 면모를 지닌 도서관은 더 뜨거웠다. 지금 생각해보니, 그곳에서 술 마시는 대학생을 별로 본 적이 없다. 우리나라 대학교 앞의 술집들과 비교하게 됐다.

일본이 제2차 세계대전으로 패망을 딛고 발전할 수 있었던 원동력에 대한 몇 가지 설이 있다. 그중 하나가, 패전으로 어려운 상황에서도 도쿄 대학교 도서관은 24시간 불이 꺼지지 않았다는 점이다. 밤낮없이 공부에 매진했던 그 젊은이들이 나라를 일으키는 재목으로 성장했을 것이다. 일본의 젊은이들이 패전국의 좌절을 벗어던지기 위해 얼마나 노력과 열정을 쏟았는지 새겨야 한다.

평일 오전 6시 내외, 이태원 길을 지나던 지인이 기함했다고 한다. 외국인과 우리 젊은이들이, 인도와 차도 구별 없이 길가에 널브러져 있는 게 충격이었다고! 이웃 나라 학생들은 밤을 밝히면서 공부와 운동에 매진하는데……. 가끔은 친구들과 클럽에서 즐기고, 술을 마시며 맺힌 무언가를 풀고 싶기도 하겠다. 하지만, 술 말고 스트레스를 푸는 다양한 방법을 만들면 어떨지 말하고 싶다.

한 직장인은 교사였다. 그는 어느 날 직장에 다니는 자신이 짐승처럼 느껴졌다. "나에게 직장생활이란 영혼을 파는 일이었다. 하루의 대부분을 일터에 바치고, 남는 시간은 다음날 노동을 위해 휴식하는 삶. … 텅 빈 머리와 냉랭한 가슴. 내가 바라던 삶이 과연 이거였을까? 회의가 물 밀듯이 찾아왔다. … 아득바득한 삶일지라도, 사람들은 성장하고픈 욕구를 좀처럼 접지 못한다."[61]

짐승도 되기 싫고 밥줄도 놓기 싫은 그는 잠을 줄이고 일상의 낭비로 없어지는 시간에 독서를 시작했다. 말콤 글래드웰Malcolm Gladwell은 《아웃라이어》에서 이렇게 말했다. 어느 분야가 되었든 1만 시간을 투자하면 최고의 전문가가 될 수 있다고. 이는 하루에 세 시간씩 10년을 채워야 하는 분량이다. 말콤의 말처럼 그의 삶이 달라졌다. 하루 몇 시간의 독서는 그를 작가로, 허무함을 의미 있게 쓰는 성장하는 나무로 만들었다.

어느 날 찰스 코언Charles Cohen[62]은 고치에 구멍을 뚫고 나오려 애쓰는 나비를 발견했다. 나비를 한참 동안 지켜봐도 나오지 못하자, 그가 가위로 고치를 자르고 꺼내 주었다. 하지만 그 나비는 날지 못했다. 그 이유를 알아보니 나비가 스스로 애써서 나오지 못했기 때문이었다. 나비가 구멍으로 스스로 나오려고 애쓰는 동안 체액이 나와서 날개를 적셔야 힘이 생겨 날 수 있는데, 외부에서 고치를 잘랐으니 날 수 없었다.

어떻게 사느냐는 오직 나에게 달려 있다.

61. 이권우 외, 《책 읽기의 달인 호모 부커스 2.0》, 그린비, 2014, 안광복의 글
62. 김병현, 앞의 책

① 나만의 강점에 주목한다.

② 새로운 도전을 멈추지 않는다.

③ 결과보다 과정을 중요시하면서 내 발전을 위해 노력한다.

④ 스트레스를 풀 수 있는 건전한 방법에 대해 생각한다.

⑤ 성장하고 싶은 욕구는 아름다운 것이다. 이건 나에게 달려 있다.

다른 사람과의
관계

한 방송 프로그램에서 '욕이 우리에게 미치는 영향'에 대해 조사했다.[63] 청소년들의 실제 언어생활을 보기 위해 중·고등학교 학생의 대화 내용을 확인해봤다. 그들은 8시간 동안 무려 400여 개의 욕설을 쏟아냈다. 충격적인 결과였다. 더 놀라운 것은 이 학생들이 평범한 학생이라는 사실이었다. 실제로 욕은 우리 학생들의 일상이다. 나도 우리 반 학생들의 욕설에 처음에는 경악했다. 심지어 학생들의 욕설 대상이, 친구나 부모님, 선생님 등을 가리지 않고 광범위하게 행해지고 있었다.

---

63. EBS 다큐프라임, 〈'욕', 해도 될까요?〉 2011.10.3

이 실태는 다음 실험 프로그램[64]을 통해 볼 수 있다.

여러 가지 실험이 이루어진다. 첫 번째 실험은 '카드 짝 맞추기 실험'이다. 욕을 하루에 100회 이상 하는 학생들을 A그룹, 10회 미만으로 욕을 하는 학생들을 B그룹으로 나누었다. 제한시간을 두고 시간 내에 이 두 그룹이 계획도를 그려 카드의 짝을 맞추도록 하는 실험이다.

두 그룹의 계획도를 보면, A그룹의 계획도에는 몇몇 ○표시와 알아보기 어려운 표시만 있을 뿐 텅텅 비어있는 공간도 많다. 하지만, 그에 비해 B그룹의 계획표는 카드의 모양을 그려 계획적으로 짝을 맞출 수 있도록 해 놓았다. A그룹의 성향은 충동적이고, 계획이 없으며 간단하게 행동했다. 그래프를 보면 욕설 사용을 100회 이상 하는 학생들은 욕설 사용을 10회 미만으로 하는 학생들보다 현저하게 무계획 충동성이 높았다.

두 번째 실험은, 어휘력 테스트다. '대한민국 하면 연상되는 단어를 30초 안에 모두 말하시오'라고 각각 그룹에 주제를 줬다. A그룹의 연상 단어는 모두 합해 10개를 넘기지 못했고, B그룹은 10개 이상의 연상 단어를 말했다. 이렇게 A그룹의 어휘력이 약한 이유는, 청소년의 뇌 안에서 일어나는 '프루닝Prunning'이라는 작업 때문이라고 한다. 프루닝이란, 필요한 것을 제외한 나머지 불필요한 것들을 뇌에서 없애버리는 작업이다. 그러니까 욕을 많이 쓰면 쓸수록, 대화에는 제대로 된 단어들이 들어올 자리를 잃어버려 점점 어휘력이 낮아지게 된다.

---

64. 앞의 자료

이렇게 교육적 문제가 아니라도 욕설에 의한 피해는 또 있다. 우리의 뇌는 생명의 뇌, 감정의 뇌, 이성의 뇌로 이루어지는데 감정의 뇌에 존재하고 있는 변연계는 사람의 기억·감정 호르몬을 관장한다. 그런데 욕을 하게 되면 변연계에 문제가 생겨 감정을 조절하는 능력이 사라진다고 한다. 욕을 많이 사용하는 것이 별로 문제가 없어 보이지만, 감정을 관장하는 뇌에 영향을 주어 감정을 잘 조절하지 못하거나 필요 이상의 화를 내게 하는 것으로 보인다. 따라서 말할 때 욕을 자주 사용하고 있다면, 이 습관에서 빠져나와야 한다. 욕을 퍼붓는 사람과 가까워지고 싶은 사람이 있을까? 내 입이 거칠어지면 나도 그런 성격의 소유자로 보이는데……. 말은 그 사람의 인격이다. 말은 우리가 다른 이와 관계를 맺을 때, 영향을 줄 수 있는 가장 큰 요인 중 하나다.

가끔 옆 사람이 힘들다고 느낄 정도로 행동하는 사람을 볼 수 있는데 자신이 이런 성격을 지닌 사실을 모르는 경우가 많다. 자기를 객관적으로 바라보기는 정말 어렵다. 양창순 박사는 '자기 내면을 바로 보기란 죽기보다 힘들다'고 말한다. 하지만, 무엇보다 자기를 아는 것이 우선이라고 말한다.

'대부분의 사람들은 자신이 누구인지에 대해서는 별로 관심이 없고, 그보다는 자신이 어디로 가야 하는지에 대해서만 관심을 갖는다'라며, 사실은 그 반대가 되어야 맞다고 말한다. 내가 누구인지, 어떤 모습인지를 먼저 알아야만 나아갈 방향도 정할 수 있기 때문이라는 것이다. '세상을 안다는 것은 바로 나를 아는 것이고, 나를 아는 것은 세상을 아는 것이다. 자기를 아는 것이 힘이 되는 이유는 바로 자기가 세상을 살

아가는 힘이 되기도 하고, 세상 그 자체이기도 하기 때문'이다.[65]

웬만해선 타고난 성격은 변하지 않는다고 심리학자는 말한다. 벼락을 맞은 것 같은 깨달음이 있거나 인생의 온갖 풍파를 겪은 다음이면 몰라도 평범한 일상을 살아가는 보통 사람에게 성격의 변화를 기대하기는 힘들다. 여기서 중요한 것은, 내가 가진 성격의 장점은 키우고 단점을 보완하고자 하는 자세가 필요하다.[66]

한 소설[67]에서 우리의 심리를 들여다봤다.

우리들은 남이 행복하지 않은 것은 당연하게 생각하고, 자기 자신이 행복하지 않은 것에 대해서는 언제나 납득할 수 없어 한다.

… 사람들은 작은 상처는 오래 간직하고 큰 은혜는 얼른 망각해버린다. 상처는 꼭 받아야 할 빚이라고 생각하고 은혜는 꼭 돌려주지 않아도 될 빚이라고 생각하기 때문이다. 대부분의 사람들은 인생의 장부책 계산을 그렇게 한다.

당연하게 여기는 그 어떤 것도 내가 아닌 다른 사람의 시각에서 바라볼 필요가 있다. 어떤 충고도 소용이 없으며, 사람들이 은혜는 쉽게 잊어도 받은 상처는 오래 간직한다는 걸 알아야 한다. 그래야 옆 사람

---

65. 양창순, 앞의 책
66. 위의 책
67. 《모순》, 양귀자, 도서출판 쓰다, 2013

의 생각도 이해할 수 있다. 우리는 고정된 사고를 고집하곤 한다. 저런 성격은 나랑 맞지 않는다고 생각하면 그 사람과 가까워지기는 힘들다. 편견, 그걸 만드는 사람도 나고 깨는 사람도 나다. 편견에서 벗어나 마음을 좀 열어놓고 바라보면 좋겠다. 만나거나 찾는 친구가 많은 사람은 우울증에 잘 걸리지 않는다. 우리는 서로 위로하고 얘기를 들어주면서 좋은 관계를 유지할 친구가 필요하다. 친구가 없는 삶은 정말 삭막하다. 마음을 터놓을 수 있는 친구와 맛있는 걸 먹고 소소하게 일상을 나누는 건, 생각만 해도 행복하다.

어떤 이는 할아버지의 지혜로운 조언을 듣고 삶의 폭풍을 이겨낼 수 있었다.

"모욕적인 말들이 상처를 안겨줄 수도 있지. 하지만 네가 그렇게 되도록 허용할 때만 그래. 만일 바람이 너를 그냥 스쳐 지나가게 하는 법을 익히기만 한다면 너를 쓰러뜨릴 수도 있는 그 말들의 힘을 없애버릴 수 있어. 바람 같은 그 말들이 너를 화나게 하고 자존심을 건드리게 하는 일 없이 그냥 지나가게 하면 그것들은 네게 아무 영향도 미치지 못할 거야."[68]

숭고한 지혜는 세월이 흘러도 변치 않는다는 사실을 우리에게 전해주는 '라코타 사람들 : 아메리카 인디언 종족'의 이야기다. 듣는 이의 영

---

68. 조셉 M. 마셜3세, 《바람이 너를 지나가게 하라》 문학의 숲, 2009

혼에 가닿고 가슴 깊숙한 곳까지 파고드는 힘을 지닌 말들이다. 그들의 이야기는 살아 있는 보물창고였다. 그들이 육체의 안락함이나 물질적인 소유물들에 무관심해서 그런 게 아니라, 물질적인 것들로 그들 자신이나 다른 이들을 평가하지 않았기 때문에 그렇다.

김훈 작가[69]는 "지금 우리 사회 특징은 한마디로 악다구니"라며 "상소리와 욕지거리, 거짓말로 날이 새고 있다"라고 탄식했다. 서로를 향해 악을 쓰는 지금 세상을……. 김 작가는 인간이 추구해야 하는 인격의 최고 목표로 '친절'을 말한다. 그는 "언젠가 죽게 되면 글을 잘 썼다느니 못 썼다느니 평은 관계없고 '그 사람은 참 상냥하고 친절한 사람이었다'라고 기억해줬으면 좋겠다" 하고 말했다.

다른 이에게 친절한 사람의 마음에는 진실과 정성, 선의로 채워져 있다. 거창하게 인류애를 들먹이지 않아도, 친절한 그 순간에는 착한 마음이, 진심이 담겨 있기에 친절한 사람이 되고 싶은 것이 아닐까.

또 말은 나를 표현하는 진실한 도구다. 말 마디마디에 송곳을 꽂은 듯 상대방을 깎아내리고 단점을 들추는 사람이 있다. 자기 생각이 다 옳다고 믿거나, 자기 기준에 맞춰 옆 사람을 단정 짓는 무례함 때문에 멋진 이웃을 잃을 수도 있다. 단점 없는 사람이 없듯, 세상 사람 대부분은 나보다 낫고 배울 점이 있다. 자기도 모르게 굳어진 말투는 성격

69. 소설가 김훈 – 안동 하회마을 강연, 2019

처럼 고치기 힘들다. 친한 사람과 나중까지 교류하고 싶다면, 지금부
터라도 말과 마음으로 상대를 존중하는 게 필요하다. 친하다면 더욱
그렇다.

<말을 위한 기도>[70]

이해인

내가 이 세상에 태어나 수없이 뿌려 놓은
말의 씨들이
어디서 어떻게 열매를 맺었을까
조용히 헤아려 볼 때가 있습니다
… 그 주인의 얼굴은 잊었어도
말은 죽지 않고 살아서 나와 함께 머뭅니다
… 언제나 진실하고 언제나 때에 맞고
언제나 책임 있는 말을 갈고 닦게 하소서

(후략)

---

70. 이해인, 《두레박》, 분도출판사, 1987

① 말은 그 사람의 인격을 나타낸다.

② 내가 어떤 사람인지 돌아보고 내 주위에 있는 사람에게 마음을 연다.

③ 내 옆의 사람이 지닌 물질이나 겉모습으로 상대를 평가하지 않는다.

④ 내게 모욕적인 말을 건네는 이의 말을 마음에 두지 않는다.

⑤ 내 옆 사람에게 말할 때는 함부로 말하지 않는다. 친할수록 더 예의를 지킨다.

인생은 꼭 직선으로, 빨리 가지 않아도 된다

영화 〈아메리칸 셰프〉의 주인공 칼 캐스퍼는 식당 주인에게 메뉴 결정권을 뺏기고 유명한 음식 비평가에게서 혹평을 받는다. 칼은 트위터로 비평가에게 욕설을 보내고 그들의 싸움은 온라인의 화제가 된다. 식당을 그만둔 칼은 푸드트럭에 도전한다. 그는 이혼한 아내와 따로 살던 아들과 가끔 만나곤 했는데, 푸드트럭과 함께 여행하면서 아버지와 아들은 친해진다. 아빠를 대신해 아들은 SNS에 푸드트럭의 이동 경로를 공개해서 사람들이 음식을 먹기 위해 몰려든다.

칼이 트럭의 짐을 옮겨준 이들에게 공짜로 샌드위치를 만들어 줄 때, 아들이 실수해서 빵을 태운다. 아들은 "어차피 저들은 돈을 내지 않으니 괜찮아"라고 말한다. 이에 칼은 "나는 요리를 통해 사람들 삶에 영향을 주고 싶고, 이 점을 사랑하지. 그러니 네가 나라면 저렇게 탄 빵을 주겠니? 너도 나와 같이 생각하면 좋겠다"라고 자신이 중요하게 생각하는 삶의 자세에 대해 말한다.

그는 자기 일을 사랑하고, 단지 돈이 아니라 요리를 통해 사람들 위하는 법을 배운다. 요리사로서 일을 사랑하는 자세 때문에, 비평가는 최고의 식당에서 칼과 동업할 것을 제안한다. 물론 그는 성공했다.

이 영화의 주인공은 실제 인물로, 한국계 미국인 '로이 최'[71]다. 그는 미국 TIME지가 선정한 2016년 전 세계 영향력 있는 인물 100인 가운데 한 명이다. 1972년 부모를 따라 미국 LA로 이주한 그는 1996년 유명 요리학교인 CIA(Culinary Institute of America)에 입학해 우수한 성적으로 졸업한 전문 셰프다.

로이 최는, 2008년 말 푸드트럭 '고기 BBQ'에서 김치와 불고기를 멕시코 음식 타코에 접목한 '고기 타코Kogi Taco'를 통해 미국 소비자의 입맛을 잡았다. 그의 푸드트럭이 장사할 경로를 미리 공개했는데, 12만3000명의 트위터 팔로워를 거느린 그의 SNS 파급력은 대단했다. '푸드트럭' 규제에 열을 올리던 LA 지역 공무원들까지 시청 앞에 정차한 '고기 BBQ'에서 새로운 맛과 분위기에 열광했다고 포브스는 언급한다.

로이 최에게도 '어두운 시절'이 있었다. 스물한두 살 무렵, 로이 최는 도박에 빠졌다. "그때 나는 가족도 친구도 모두 잃었다"라고 그는 방황하던 시절을 회상했다. 그는 어머니의 돈을 훔치고, 가족들의 물

---

71. 〈아시아 경제〉 2014.09.22

건을 저당 잡혀가며 도박판을 전전했다. 그래도 로이 최의 어머니는 김치, 국수, 생선구이 같은 고향 음식을 차려주며 아들을 보살폈다. 로이 최는 2013년에 펴낸 자서전에서, "방황하던 시절, 그 때의 경험이 무한한 한국식 사랑을 통한 치유의 과정"이었다고 언급했다.[72] 로이 최의 엄마는 아들을 믿고 기다렸다. 엄마는 음식으로 아들에게 위로를, 희망을, 사랑을 건넸다. 사랑이 로이 최를 다시 일으켰다. 'LA 푸드트럭의 왕'이라고 불렸던 그는 부모님과 함께 LA 코리아타운 근처에 더 라인(The Line) 호텔을 여는 등 사업 영역을 확장하고 있다.

로이 최는 "우선 룰을 배워라. 그리고 깨부숴라. 그래야만 한다고 믿어 왔던 것들을 거부할 때, 새로운 답을 찾을 수 있다. 어떤 특정한 규칙도 없이 여러 가지를 섞어 보는 시도를 해라"라고 성공 비결을 조언한다.

학생들의 말을 들어보면 중학생은 중학생이라, 고등학생들은 고등학생이라, 대학생은 이미 4학년이라서 자신은 늦었다고 말한다. 무엇을 새롭게 시작하기에 늦었다는 것이다.[73]

새로운 무엇을 하기에 늦었다고 의식하는 건 자신이다. 남들이 특정한 나이에 이룬 성과물이 모두에게 해당하는 건 아니다. 여태까지 아무 생각 없이 한심하게 시간을 흘려보냈어도 내가 해야 한다고 판단하

72. 〈한국식 푸드트럭으로 대박 낸 LA의 한국계 요리사 로이 최〉 조선일보, 2015. 02.23
73. 김은희, 앞의 책

면 할 수 있는 것도 사람이다. 다른 것에 도전해야 하는데 그때마다 나이를 의식하면서 갈등하는 것은 낭비다. 진로를 정하고 쭉 걸어갔다고 해도, 도중에 이 길이 아니라는 생각이 들면 그 길을 계속 가기 어렵다. 갈등과 수정, 도전과 실패가 반복되어도 계속해서 내 삶을 만들기 위해 앞으로 가야 목표점에 도착할 수 있다. 원하던 곳에 도착했느냐가 남을 뿐, 빠르고 늦음이 남는 건 아니다.

아프리카에서 사자들이 사냥할 때, 그렇게 긴 시간을 집중해서 계속 기다리는데 처참할 정도로 계속 실패한다고 한다. 만약 우리가 어떤 일을 시도해서 다섯 번, 여섯 번에 걸쳐 모든 걸 쏟아부었는데 실패했다면 좌절이 너무 커서 못 일어날 것 같다. 그런데 사자들은 언제 그랬냐는 듯이 그 자리에서 일어나 다시 사냥을 시작한다. 그 모습을 보면 큰 감동을 받게 된다. 우리는 실패를 두려워한다. 하지만, 가장 처참했던 실패가 가장 큰 가르침을 준다. 사회적으로 성공하고 뭔가를 크게 이루어 낸 멋진 사람의 인생 성공 철학이 아니라, 우리와 비슷한 사람이 끊임없이 좌절하고 넘어지고 시련을 겪으면서도 다시 일어나는 성장통 이야기의 가르침.[74]

나도 노력했던 일이 뜻대로 되지 않아 절망에 빠져 괴로워했다. 며칠을 잘 먹지도 자지도 못하고 무기력하게 지냈다. 무거운 몸과 마음을 끌고 버스 터미널로 향했다. 텅 빈 경포대 해수욕장에 4시간을 앉아

---

74. 김창남(엮음), 앞의 책, 김남희의 말

서 쉬지 않고 다가오는 파도를, 무한히 펼쳐진 수평선을 바라봤다. 부서져도 파도처럼 다시 도전하고 변함없는 수평선처럼 한결같은 사람이 되고 싶었다. 삶은 마지막에 그것을 해낸 사람에게 손을 들어준다. 수많은 실패를 겪었더라도.

마틴 샌더슨Martyn Sanderson[75]은 자신이 목표로 삼은 직업을 갖기 위해 노력했다. 그는 미국 역사상 첫 흑인 비행 조종사 중 한 명이었다. 1940년대 초 미 공군은 매우 배타적이어서 흑인의 입대를 아예 허용하지 않았다. 마틴은 어릴 적부터 공군 조종사가 되고 싶었다. 그는 1941년, 미국이 2차 대전에 참전했을 때 조종사로 입대하려 했지만, 흑인이라는 이유로 거절당했다. 공군은, 흑인에게 비행 훈련을 시킬 만한 시설을 갖춘 부대는 없다고 말했다. 마틴은 호텔에서 짐꾼으로 일하고 있었는데, 어느 날 흑인들에게 비행 훈련을 해주는 학교가 생긴다는 소식을 듣고 다시 응시한다. 하지만 시험에 떨어졌다. 마틴은 다시 호텔로 돌아갔다. 그런데 나중에 학교에서 지원자격을 완화했다는 소식을 듣고 다시 응시한다.

결국, 그는 훈련학교에 합격해서 졸업하고 군에 복무했다. 당시 군대에 흑인은 매우 드물었기 때문에 그에게 용기와 추진력, 인내가 필요했다. 인종 차별이 만연한 군대에서 포기할 수도 있었지만 어떤 상황에서도 피부색이 영향을 미치지 않게 하려고 노력했다. 마틴은 조종

---

75. 칼 필레머, 《내가 알고 있는 걸 당신도 알게 된다면》, 토네이도 미디어 그룹, 2012

사가 되기 위해 인내를 갖고 계속 시도했다. 인종 차별의 한계에 굴복하지 않고, 좌절하지 않고 원하는 일을 해냈다. 물론 시간이 오래 걸렸지만.

지금 교실에서 무기력하게 앉아있는 10대라면, 자기의 모습을 냉철하게 돌아보아야 한다. 수업 내용이 어려워 집중하지 못하거나 잠을 잔다고 본다. 그렇다면 언제부터 수업 내용을 이해하지 못했는지 자세하게 돌이켜본다. 초등학교 4학년일 수도 있고, 중학교 1학년일 수도 있다. 이 사실을 알아내면, 그 학년에 사용하는 교과서를 둘러 보고 거기서부터 다시 학습해야 한다. 계열 학습인 수학과 과학을 익히고, 영어와 국어 교과서의 내용과 어휘력을 길러야 한다. 지나간 학년의 단계는 빠르게 학습할 수 있다. 그리고 현재 학년 단계도 처음부터 꼼꼼하게 학습 요소를 놓치지 않고 공부한다. 이렇게 하려면, 하루에 6시간 이상 공부에 시간을 투여해야 한다.

이렇게 고생을 하고 나면, 현재 수업 내용을 이해할 수 있다. 그러고 나면, 그날 배운 내용을 꼭 복습해야 한다. 복습하지 않으면, 또 과거처럼 필요한 공부 내용을 놓칠 수 있다. 또 다 따라잡지 못해 고등학교를 졸업하고 나서도 부족한 학습 내용을 공부해야 할 수도 있다.

수업에서의 공부가 이해되기 시작하면 더불어 필독서를 비롯한 다수의 책을 읽고 독후감도 쓴다. 여기까지 공부를 해낸 학생은 이것도 할 수 있다. 공부에 가속도가 붙었으므로 충분히 달릴 수 있다. 독서와 독후감은 대입과 취직 등 후에 꼭 활용할 가치 있는 과정이다. 더불어 독서 중에 많이 깨닫고 배울 것이다. 원래, 우리 인생에 필요한 것은 책 속에 다 있다.

만일 지금 하는 일이 행복하지 않다면, 몇 년이 걸리더라도 자신이 만족할만한 일을 찾도록 권한다. 인생은 내가 싫어하는 일을 하면서 많은 시간을 보내기에는 짧다. 언제까지 어떤 것을 해야 한다는 남들이 만든 기준에 마음을 빼앗기지 말고, 진정한 나를 찾는 여행을 멈추지 않아야 한다. 내가 지어낸 삶의 목표, 품성, 노력이 담겨 있는 여행에는 지름길이 없다. 서두르지 않고 이루는 데 초점을 맞춰야 한다. 그리고 그 여행에서 방향도 꽤 중요하다.

삶은 돌고 돌아도 목표에 도달하는 그것으로 아름다운 것이다. 실패는 나를 성장시키고 내게 능력과 경험을 차곡차곡 쌓아주는 기회다. 넘어지면 일어나야 한다. 그래야 마지막까지 도달할 수 있으니까. 수많은 시행착오를 겪고, 돌고 돌아 우리는 내 삶을 찾아간다. 여기에 정답과 오답도 없고 빠르고 느림도 의미가 없다. 늦었다고, 능력이 모자란다고, 부모의 뒷받침이 부족하다고 핑계를 댈 수는 있지만, 결국 그것도 다 자기 인생이다.

포기하고 싶을 때, 내가 앞으로 나가도록 하는 문장이 하나 있었다. '어떤 것을 하든 안 하든 시간은 언제나 흘러간다. 어차피 흘러갈 시간이라면 하지 않는 것보다 무언가를 해야 하는 게 맞다.'

① 도전하기에 늦은 때도, 나이도 없다.
② 우리는 시련을 겪고 실패해도 다시 일어나야 한다.
③ 인생의 여행에는 지름길, 정각도 없다. 다만 도달했느냐가 남는다.
④ 실패는 나를 성장하게 하는, 보람있는 과정이다.

현실의 한계를 딛고
할 수 있는 것을 하자

Y군은 한국에서 상업학교(전문계 고등학교)를 나온 젊은이였다. 친형이 캐나다 시민권자였기 때문에 동생도 오랜 노력 끝에 이민 가게 됐다. 형은 친구이자 제조업을 하는 캐나다인 사장에게 "내 동생을 맡기고 싶으니까 좀 키워가면서 채용해 주었으면 좋겠다"라는 부탁을 했다.

Y군이 취업하고 보니, 자신은 기술도 없고 영어도 부족해서 미안한 마음이 들었다. 그래서 다른 직원들보다 30분 일찍 출근해서, 청소하고 동료 사원들이 일하기 편하도록 사전 정돈을 도왔다. 퇴근 시간 이후에도 혼자 남아서 한두 시간씩 잔업을 했다. 그런 작업이 2년 가까이 계속됐다. 사장은 Y군에게 "이제 됐으니까 더 수고하지 않아도 된다"고 만류했다. 하지만 Y군은 "나를 위해서 하는 일이니까 더 실력을 갖추기까지 계속했으면 좋겠다"라며 계속 열심히 일했다.

다음 해 크리스마스가 되었다. 사장은 개인적으로 선물을 주고 싶다면서 자기가 타던 자동차를 Y군에게 주었다. 캐나다에서는 선물을 거절하면 예의가 아니라는 형의 충고를 듣고 그는 차를 받았다.

Y군은 그 좋은 차를 받아 한인교회 목사에게 주고 자기는 목사의 낡은 차와 바꾸어 탔다. 그렇게 4~5년이 지났다. 캐나다인 사장은 Y군의 형에게 상의를 해왔다. "내가 작은 공장 하나를 따로 세워 당신 동생에게 맡기고 싶은데 당신이 반# 정도 투자를 하면 좋겠다"라는 제안이었다. 그 형은 동생을 위해 투자 문제를 고려하고 있었다.[76]

Y군은 성실하게 노력했기 때문에 다른 나라 사람도 인정했다. 다른 나라에 정착해 어려운 상황에서 노력하기란 더 힘들었을 것이다. 언어가 통하지 않는다고, 배운 게 남보다 적다고, 기술도 없다고 한계에 갇혀 원망했다면 얻을 수 없는 것들이다. 세상의 아주 조그마한 일도 공짜로 이루기는 어렵다. 하지만 어떤 경우라도 성실하게 성의를 다하면 성취와 함께 배우는 것이 많다. 한계를 느낀다면, 그 상태에서 내가 할 수 있는 걸 찾아보자.

우리 반에 착하지만, 사회적 관계는 그리 능숙하지 못한 학생이 있었다. 속에 울분이 좀 있는 S라는 학생이었다. 친구들의 편견 때문에 그의 마음에는 속상함이 남아 있었다. S는 자기가 좋아하는 애니메이션에 푹 빠져 있었고 친구들에게 큰 관심이 없었다. 아니, 반 친구들이 독특한 화법으로 말하고 조금 모자란 듯 행동하는 S를 무시하곤 했다.

---

76. Y군 이야기, 〈김형석의 100세 일기〉 조선일보 30461호

S도 친구들을 신뢰하지 않는 듯했다.

하루는 컴퓨터실에서 수업이 있었다. 수업 중에, 옆에 앉은 친구가 S의 사이버 공간 아이디와 비밀번호를 알아냈다. 학교에서 친구들의 무시와 따돌림을 받다 보니, S는 사이버 공간에서 자신의 울분과 감정, 심지어 자기를 때린 친구에 대한 분노를 표출했는데 친구들이 그 내용을 다 봤다. 20명 이상이 돌려봤고 싸움이 벌어졌다. 공교롭게도, 우리 반에 고1 때부터 S를 때리던 학생이 있어서 친구들이 말을 전하다 보니 소문이 금방 났다. 누구라도 자신의 비밀을 남들이 알면 기분이 좋지 않다. 심지어 친구들이 돌려보았으니……

다 모아놓고 경위를 살펴보는데 이상하게 S의 입장을 공감하고 옹호하는 친구는 별로 없었다. S는 친구들에게 피해를 주지 않았는데, 그 공간을 본 친구들은 본 것이 나쁜 행동은 아니라고 생각하는 듯했다. S가 반에서 힘도 세지 않고 주목받는 위치도 아니라 무시해도 된다고 생각했는지도. S는 자꾸 울었다. 그 아이의 학교생활이 이렇게 불행해지게 두고 볼 수는 없었다. 근데 S의 어머님은, 이걸 문제 삼았다가 아이의 학교생활이 더 어려워질까 걱정을 하셨다. 또 비밀번호를 몰래 알아내고 볼거리를 제공한 학생의 부모는, '애들끼리 좀 볼 수도 있는 거를 왜 문제 삼느냐?'라고 담임인 나에게 항의했다. 어른인데도 공감은 기대하기 어려웠다. 그 부모님이, 자기 자녀의 입장보다 피해 입은 상대방 학생의 입장을, 우리 아이들이 앞으로 살아가야 할 바람직한 사회를 한 번쯤 더 생각했더라면 좋았을 텐데.

그래도 아이와 부모를 설득해야 했다. 잘못된 점을 사과하게 하고, 상습적으로 S를 때렸던 학생도 멈추게 해야 했다. 또 아이들에게 '같이 사는 것'에 대해 계속 설명하고 잔소리를 했다. 지금도 마음이 아픈 게 있다. S의 어머님은, 간식을 사와 반 학생들에게 다 나눠주셨다. 아들을 걱정한 어머님이 반 학생들에게 서로 잘 지내달라고 부탁하셨다. 그 마음을 우리 아이들이 후에라도 알기를 바랐다. S는 공부와 실기에 매달리고 노력했다. 나는 S가 졸업할 때까지 학교에 잘 나오고 자기 공부도 열심히 한 게 감사했다. S는 그 사건에 휘말린 아이들은 가지 못한 학교에 진학했다. 그 학교는 애니메이션으로 꽤 유명한 대학이다. S는 무시하는 친구들을 따돌리고 꿈을 향해 달려나갈 것이다. S는 심리적으로 힘들었지만, 힘들다고 핑계 대지 않고 최선을 다했다.

영화 〈히든 피겨스Hidden Figures〉는 '인종 차별'이라는 편견에 맞선 이야기다. 1960년대 나사(미 항공우주국)에서 자신의 역할을 훌륭히 해낸 세 명의 흑인 여성들의 실제 이야기. 캐서린 존슨은 천재 물리학자로서 온갖 편견을 이겨내고 나사의 아폴로 11호 달 착륙과 우주 왕복선 프로젝트에 참여했다. 도로시 본은 컴퓨터 시대가 올 것을 예측하고 동료들에게 이것을 배우라고 독려했으며 흑인 최초의 관리자로 일했다. 메리 잭슨은 엔지니어가 되고 싶었는데 규정에 필요한 학교에서 공부해야만 했다. 백인만 입학을 허가한 학교에 입학하기 위해 주 법원에 청원서를 내고 허가를 받아낸다. 그녀는 흑인 여성으로서 나사에서 항공 우주 엔지니어가 됐다. 영화 홍보 문구는 "천재성에는 인종이 없고, 강인함에는 남녀가 없고, 용기에는 한계가 없다"였다. 그들은 주어진 상황이 불리한 흑인이었지만, 여자였지만 포기하지 않았다.

빅터 프랭클은 현실의 어려움 속에서 한 인간이 자기의 운명과 또 그에 따르는 모든 고통을 어떤 식으로 받아들이느냐, 자기에게 주어진 시련을 어떻게 감당하느냐에 대해 말했다. 그의 가장 힘겨운 환경은 그의 삶에 깊은 의미를 더해 주기에 충분한 기회를 줄 것이라고.[77]

자신을 통제할 줄 아는 사람만이 자신이 인정하는 삶과 만난다. 한계까지 왔다고 느낄 때조차도 우리에게는 기회가 있다. 한계는 극복하기 위해 존재한다고 생각한다. 한계에 도달했다고 느낄 때, 못한다는 마음 대신 내 안의 아주 작은 것을 발견하고 그것부터 해보면 어떨지.

재일 정치학자 강상중[78]은 폐품수집상의 아들로 태어나 재일 한국인 최초로 도쿄대 정치학과 정교수가 된 사람이다. 재일동포 출신은 일단 일본 사회에서 무시당했기 때문에 취직하기 어려웠다고 그는 말한다. 강상중은 독일 유학 시절, 임마누엘이라는 친구를 만났다. 그도 다른 민족으로 독일에 살고 있었고 강상중과 비슷한 고민을 지니고 있었다. 재일 한국인으로서의 고민은 개인이 괴로워할 문제가 아니라 공적으로 논의해야 하는 일임을 그는 깨달았다. 자신만이 차별의 희생자라 여겼지만, 세상 어디에나 그런 삶이 있음을 깨닫게 됐다.

강상중은 재일 한국인이라는 한계에 머물지 않고 자신부터 변했다.

77. 빅터 E. 프랭클, 《죽음의 수용소에서》, 제일출판사, 1999
78. 김지수, 《자기 인생의 철학자들》, 어떤책, 2019 중 강상중의 글

자신이 할 수 있는 것을 위해 도전했다. 그는 독서가 나다움을 발견하는데 매우 중요하다고 말한다. 책과의 만남은 시공을 초월한 사람들과 만남이라 그 울림이 더 크다고. 그는 직업의 안정성에 의존한 채 계급 사회의 계단을 올라가면 엄청난 혼란에 빠질 수 있다고 말한다. 그는 농사, 자원봉사, 사회 공헌 등 다양한 경험을 통해 정체성을 갖고 살라고 조언한다. 나다움을 발견하고 발전하는 방법으로, 나도 역시 독서를 권한다.

캐나다 출신 모델 위니 할로우Winnie Harlow는, 4살 때 백반증 진단을 받는다. 어린 나이에 '젖소', '얼룩말' 등 갖은 놀림과 괴롭힘에 시달렸던 할로우는 주변의 시선 때문에 전학을 여러 번 다녀야 했다. 고등학교를 중퇴한 그녀는 2011년 유튜브를 통해 자신의 모습을 알린다. "백반증은 피부의 조건이지 인생을 바꾸는 피부질환은 아니다"라고 말하며, 솔직하고 자신감 있게 자신의 모습을 공유하면서 사람들과 소통한다.

이후 모델 서바이벌 프로그램에서 본격적으로 이름을 알리게 되었고 특유의 개성과 당당함으로 세계적으로 유명한 잡지의 표지를 장식하는 인물이 됐다. 2018년에는 최고의 모델들만 참여한다는 '빅토리아 시크릿' 패션쇼 무대에 오른다. 그녀는 "타인의 잣대로 자신의 아름다움을 정의하지 않는다"고 말함으로써, 신체의 한계에서 자유로울 수 있음을 보여주었다. 그건 자신의 신체에 긍정적인 마음에서 비롯된다고.

징기즈칸은 우리가 현실에서 만나는 어려움과 한계를 극복할 수 있는 어록을 남겼다.

집안이 나쁘다고 탓하지 마라. 나는 아홉 살 때 아버지를 잃고 마을에서 쫓겨났다.

배운 게 없다고 탓하지 마라. 나는 내 이름도 쓸 줄 몰랐으나 남의 말에 귀 기울이면서 현명해지는 법을 배웠다.

가난하다고 탓하지 마라. 나는 들쥐를 잡아먹으며 연명했고, 목숨을 건 전쟁이 내 직업이고 내 일이었다.

작은 나라에서 태어났다고 말하지 마라. 나는 그림자 말고는 친구도 없고 병사로만 10만, 백성은 어린애와 노인까지 합해 2백만도 되지 않았다. 하지만 세계를 정복했다.

너무 막막하다고, 그래서 포기해야겠다고 말하지 마라. 나는 목에 칼을 쓰고도 탈출했고, 뺨에 화살을 맞고도 살아났다.

강한 자가 살아남는 것이 아니고 살아남는 자가 강한 자이다.

내 후손들이 비단옷을 입고 벽돌집에 살게 되는 날 우리는 망할 것이다.

새로운 도전 없이 한 가지 성과에 안주한다면 발전은커녕 현재의 유지조차 어렵다.

적은 밖에 있는 것이 아니라 내 안에 있다.

나는 내게 거추장스러운 것은 모두 쓸어버렸다.

나를 극복하는 순간 나는 징기즈칸이 되었다.[79]

---

79. 징기즈칸의 명언은 정말로 그가 한 말이 아닐 가능성이 있다. 그들은 역사를 기록하지 않는 유목민족이어서 기록이 잘 남아 있을 가능성이 떨어진다. 따라서 그의 명언의 출처는 명확하지 않다.

① 한계는 극복하기 위해 존재한다.
② 한계에 도달했다고 절망할 때도 기회는 있다.
③ 한계를 만났을 때 내가 할 수 있는 작은 것부터 해보자.
④ 내가 가진 조건은 바꿀 수 없지만, 조건을 극복하도록 나를 바꿀 수는 있다.
⑤ 타인이 정한 잣대로 나를 평가하지 않는다.

3장

문학 작품에서
배우는 삶

《압록강은 흐른다》[80]

   《압록강은 흐른다》는 작가 이미륵(1899~1950)이 쓴 소설이다. 독일에서 찬사와 사랑을 받았던 한국인 이미륵. 1946년, 전후 독일 문학계에 돌풍을 일으키며 등장한 한국인 이미륵은 독일어로 자신이 겪은 이야기를 썼고, 문장이 탁월했기에, 외국인이 독일어로 쓴 소설이라고 믿기 어려울 정도였다.[81] 그는 1899년 태어났다.[82]

   본명은 의경이고 미륵이 아명이다. 그는 독일에서 작가로 활동할 때, 미륵이라는 이름을 썼다.

80. 이미륵, 정규화 옮김, 《압록강은 흐른다》, 도서출판, 다림, 2007 이 작품은 미륵이 독일어로 쓴 것을 정규화 교수가 번역했다. 주가 없는 소설 인용문은 이 책에서 인용했다.

81. 박상미, 〈뮌헨 문학기행(상) – 독일인이 사랑한 한국인 '이미륵'과 압록강을 걷다〉, 주간경향, 2014.12.22

82. 이미륵의 생애에 대한 내용은 정규화 · 박균, 《이미륵 평전》, 종합출판 범우, 2010과 《압록강은 흐른다》를 참고했다.

《압록강은 흐른다》는 이미륵의 자전적 소설이다. 주인공 미륵이 내가 되어 서술한다. 소설 속에서의 미륵의 삶이 실제 이미륵의 삶이다. 상인으로 큰 성공을 거둔 아버지는 어린 미륵이 학문으로 크게 성공하길 바랐다. 아버지는 훈장을 모셔 집안 아이들에게 글을 가르치게 했다. 그리고 1910년 봄, 미륵의 아버지는 오랜 고민 끝에 집안사람들의 반대에도 미륵을 신식학교에 보낸다.

낯선 신식학교에 다니며 힘들어하는 미륵에게 아버지는 의지할 수 있는 든든한 버팀목이 되어주셨다. 또 당신이 직접 유럽에 관한 책도 읽으면서, 미륵에게 도움이 되도록 노력하셨다. 미륵의 성숙하고 훌륭한 인품의 밑바탕은 아버지의 가르침과 아버지와의 친근함에 있었다. 독일에서 이미륵은 기품있는 행동과 인품으로 여러 사람에게 존경을 받았다.

1913년 미륵은 열여섯 살 무렵 부친이 세상을 떠나자 학교를 그만두었다. 독자인 그는 집안의 가장이 되어야 했고 가업을 이어야 했다. 힘들어하는 아들을 보던 모친은 그를 송림마을로 보낸다. 송림마을은 미륵의 집안 땅 중 하나다.

지주의 가정과 소작인의 가정을 한 집안으로 생각하고 그렇게 부르는 것은 예부터 내려오는 좋은 풍습이었다. 나는 그런 풍습을 좋아했다. … 소작인 농군들은 나를 '도회지에서온 조카'라고 불렀고, 친조카처럼 대해주었다. 돌다리 아저씨는 내게, "서로 그렇게 부르는 것은 지주와 농민들이 모두 한 가족처럼 생각하고 살아가게 하는 좋은 풍습이란다"라고 말해 주었다.

지주와 소작인이 한 집안처럼 사이좋게 지내고 지주가 소작인들의 노고를 알고 존중해주는 훌륭한 풍습이 있었다는 게 반가웠다. 미륵은 어린 시절부터 지위나 돈을 따지지 않고 이웃을 존중하는 집안 분위기에서 성장했기 때문에 훌륭한 인품을 지녔던 것 같다. 또 미륵은 항상 유럽의 학문을 동경했는데, 송림마을에서 자기 혼자 유럽에 가려고 기차 타는 곳까지 가출하기도 했었다.

미륵은 1917년 경성의학전문학교 의과대학생이 된다. 3학년이던 1919년 3·1 운동에 참가한 후, 미륵은 '대한 청년외교단'에 들어가 기관지인 외교시보外交時報 발행과 전단 인쇄를 책임졌다. 또 애국부인회와 연계해 각 지방에서 모은 독립자금을 임시정부에 보내는 청년단 일을 했다. 그러나 그해 11월 그들의 활동 정보가 누설되면서 미륵도 수배 인물이 됐다. 어머니는 아들이 상해로 피신할 것을 재촉했다. 미륵은 학생들이 도망치다가 체포되어 죽었다는 소식을 들었기 때문에 용기를 내지 못했으나 어머니는 여권을 만들어 유럽으로 가라고 하셨다. 안개와 어둠이 내린 저녁, 어머니는 멀리까지 아들을 배웅했다. 외동 아들을 떠나보내면서도 어머니는 의연했다.

"넌 겁쟁이가 아니야."

어머니는 한참 동안 조용히 가시다가 말씀하셨다.

"너는 종종 낙심하는 일이 있었으나, 그래도 네 일에 충실했었다. 나는 너를 크게 믿고있다. … 너라면 국경을 쉽게 넘고, 결국 유럽에도 도착할 수 있을 게다. 내 걱정을 하지말아라. 네가 다시 돌아올 때까지 참고 기다리겠다. 세월은 빨리 가느니라. 비록 우리가 다시 만나지 못하는 일이 있더라도 너무 서러워 말아라. 너는 나에게 정말 많은 기쁨을 가져다주었다. 자 애야! 이젠 네 길을 가거라!"

상해로 간 미륵은 대한적십자 대원으로 발탁되어 임시정부 일을 도왔다. 의학도였던 그는 간호사를 양성하는 일을 도왔다. 그리고 유럽 유학을 준비했다. 이때 안중근 의사가 돌아가신 후, 10년 동안 시베리아를 떠돌다 상해로 온 안 의사의 미망인과 만난다. 안중근 의사 동생(안공근)의 배려로 상해에서 그 가족들과 보낸다. 1920년 4월, 그는 여권을 갖고 프랑스 여객선에 탄다. 청년 이미륵의 길고 고단한 망명이 시작되었다.

독실한 가톨릭 신자였던 안봉근(안 의사의 사촌)의 주선으로, 미륵은 처음에 독일 뮌스터슈바르차하 수도원에 머물렀다. 다음 해, 뷔르츠부르크 의과대학을 거쳐, 1923년 하이델베르크의 바디쉬 루프레히트-카알스 의과대학에서 공부를 계속한다. 그리고 1925년 6년간의 의학 공부를 그만두고, 뮌헨대학에서 동물학을 연구해서 1928년 마침내 박사학위를 취득한다.

미륵은 1940년부터, 한국어 문법 초안 작업과 6만 개의 한자어를 독일어로 옮기는 작업을 병행하는 왕성한 활동을 한다. 1942년 미륵의 스승이자 친구였던 후버 교수가 나치에 의해 처형당한 뒤, 교수의 지인들은 후버 가족을 멀리했다. 절친한 친구도 발길을 끊어 버렸지만 후버 가족에게 도움의 손길을 내밀었던 사람이 이미륵이었다.

누구보다도 어려운 처지에 있었던 이미륵이 자신이 먹을 음식을 아껴 두었다가 종이에 그것을 싸 들고 와 부인을 통해 감옥에 갇힌 후버 교수에게 전해준 일도 있었고, 길에서 마주치는 사람들은 모두 부인을 피해 걸어갔지만, 이미륵은 멀리서도 그녀를 보면 아주 큰 소리로 "클라라!"를 외치며 반가운 인사를 건넸다. 클라라에게 동양인 이미륵은 '진정한 친구이자 의리 있는 사람'이었다.[83]

이처럼 이미륵은 따뜻하고, 이익보다는 인간적 도리를 택하는 곧은 성품을 지녔다. 더불어 독일 사람도 무서워하는 게슈타포를 두려워하지 않는 용기 있는 사람이었다. 1945년 일본의 무조건 항복으로 한국은 해방됐지만, 미륵은 귀국을 망설였다. 해방된 조국이 상해 임시정부에 의해 주도되지 않고 이승만이 정권을 잡게 된 것에 실망했다. 또 그를 기다려주는 사람이 더는 고향에 남아 있지 않아 절망했다.

10년에 걸쳐 정성을 다해 집필했던 소설 《압록강은 흐른다》는 출간되자마자 초판이 매진될 정도로 반응이 뜨거웠다. 평론가들의 서평이 100편 넘게 신문에 실렸다. 독일인들은 지금도 막스 뮐러Friedrich Max Müller의 《독일인의 사랑》만큼 이 책을 아낀다.[84]

이 책을 통해 우리는 위대한 승리를 거둔 수천 년 오랜 문화를 지니고 있는 먼 낯선나라의 전통과 생활방식을 아주 자연스럽게 이해할 수

---

83. kurt Huber 교수의 딸 Brigitte Weiss의 증언. 정규화 · 박균, 앞의 책
84. 박상미, 앞의 책

있게 되었고, 깊은 신뢰감을 느낄 수 있었다. 그것은 더 강한 것 혹은 더 영속적인 것보다는 평화로움과 순결함, 그리고 '선'에 대한 강한 믿음을 우리 속에서 불러일으켰다. … '한국에서의 어린 시절 이야기'로 대륙과 바다를 견고하게 연결시켜 두 세계가 결합하도록 다리를 놓아준 진정한 휴머니스트 이미륵에게 감사한다.

사람에게서 사람에게로 이어주는 그의 가교는 영원함의 중심 기둥이라고 할 수 있는 진실, 자유, 정의, 사랑으로 연결된다.[85]

박아란은 소설《압록강은 흐른다》를 이미륵이 꾹꾹 눌러 적은 망향의 아픔으로 표현한다. 이 자전적 소설은 1946년 독일어로 발표된 후, 최우수 소설로 선정되었고 독일의 교과서에 수록됐다.[86]

소설의 끝은 이렇다.

나는 날마다 한 번씩 고향에서 소식이 왔나 알아보려 우체국으로 갔다. 그러나 매번 빈손으로 돌아왔다. 그리고 점점 불안해졌다. 유럽에 도착한 지도 벌써 오 개월이 지났기 때문이다.

… 곧 계절이 바뀌고 눈이 내렸다. 어느 날 아침, 자리에서 일어나자 성벽에 흰 눈이 흩날리고 있었다. 나는 하얀 눈을 보며 행복감을 느꼈다. 나의 고향 마을과 송림에 휘날리던 바로 그 눈과 같았다.

---

85. 1946년 7월《Welt und Wort》Ludwig Hartung이 기고한 서평, 위의 책
86. 한국언론진흥재단 미디어연구센터 선임연구위원, 경향신문, 2017.05.29

이 날 아침, 나는 먼 고향에서 전해 온 소식을 받았다. 큰 누님이 쓴 편지였다. 지난 가을에 어머님이 며칠 동안 앓으시다가 세상을 떠나셨다는 사연이었다.

고향으로 돌아가지 못한 미륵은 1948년 여름 학기부터 뮌헨대학에서 한국의 언어와 역사, 맹자, 동아시아 문학사 등 강의를 했다. 해마다 감기처럼 그를 찾아오는 늑막염으로 고생하던 미륵은 위에 암이 발견되어 수술했으나, 1950년 3월 세상과 이별했다.

미륵은 자신이 결정하고 난 다음에는 단호하게 실행해 옮겼다. 학업도 독립운동도. 경성의전에 들어가기 위해 독학했던 시기는 16세, 17세다. 경성의전에 입학해서, 독립운동을 하고 만주와 상해, 유럽으로 갔던 나이는 20세였다. 몸도 허약하고 모든 것을 혼자 책임져야 하는 막막함에도 굴하지 않고 앞으로 나갔다. 중국어를 할 줄 몰랐지만, 만주를 거쳐 기차와 배를 타고 북경, 천진, 남경을 거쳐 상해에 도착할 때까지 언제나 의연하게 자신에게 온 운명의 길을 받아들였다. 1919년 3월의 독립운동으로 쫓기는 몸이 되어 만주로 갔지만, 신학문 탐구를 위해 망설임 없이 유럽으로 향한다. 독일에서 미륵은, 특별하게 지원을 받을 수 없었기 때문에 경제적으로 매우 어려웠다. 하지만 학문에 대한 열망을 멈추지 않았고, 가난하다고 품위를 잃지도 않는다.
다음은 고병익 선생이 독일에서 '이미륵'에 대해 알게 된 내용이다.

내가 젊어서 독일에 막 도착하여 한 헌책방을 찾아갔더니 주인이 나에게 한국인이냐고 물어 왔다. 이 당시 서양 사람들은 중국과 일본은 알았지만 한국을 아는 이는 적었기에 내가 궁금해서 물어 보았더니 주인이 말하기를, "독일에서 나그네로 머물렀던 이미륵이라는 사람이 있었답니다. 덕행과 글재주 둘 다 매우 훌륭하여 이곳 사람들 모두가 그를 존경하고 사랑하였는데 근년에 세상을 떠났습니다. 그런데 그 모습과 태도가 당신과 비슷하기에 물어보는 것이랍니다"라고 하였다.[87]

미륵이 뮌헨에서 얼마나 존경받고 사랑받는지 이 글을 통해 알 수 있다. 그가 잠든 지 64년이 지났지만, 독일인들은 여전히 이미륵의 묘소를 찾고 그의 책을 읽는다. 하지만 대한민국은 평생을 독일에서 이방인으로 산 미륵의 혹독한 외로움과 죽음을 오랫동안 알지 못했다.

이미륵은 자신에게 닥쳐오는 삶의 격랑을 의연하게 받아들였으며, 겸손했고 꾸준하게 학문 연구를 위해 노력했다. 나도 소설과 평전을 통해 절제, 인간적 도리, 학문의 깊이, 높은 인격의 삶을 살았던 이미륵과 만났다. 그는 끝까지 자신이 약속한 생에 대한 경건함과 품위를 지켰다.

---

87. 이주영, 〈이미륵의 《압록강은 흐른다》를 고국에 알린 故 고병익 박사〉, 《거목의 그늘:녹촌 고병익 선생 추모 문집》, 지식산업사, 2014

《인간의 대지》[88]

　《인간의 대지》는 앙투안 드 생텍쥐페리Antoine de Saint Exupery가 38
세던 1938년 집필을 시작했다. 미국에서 《바람과 모래와 별들》로 번
역 출간됐고 '이달의 양서'로 선정됐다. 아카데미 프랑세즈에서는 소설
로 대상을 받았다. 생텍쥐페리는 비행기 조종사이며, 앙드레 말로André
Malraux와 함께 프랑스의 위대한 행동주의[89] 작가로 유명하다. 생텍쥐페
리는 이 작품을 비행 동료인 앙리 기요메Henri Guillaumet에게 바쳤다. 동
료는 작가가 느꼈을 고독과 두려움, 절망과 희망을 누구보다도 잘 알
고 있다. 사막이나 안데스산맥에서 실종됐다가 살아 돌아온 조종사들
은 다시 비행기에 오르는 용감한 자들이며 옳다고 믿는 방향으로 직진

88. 생 텍쥐페리, 이정림 옮김, 《인간의 대지》, 범우사, 2001 이하의 인용문은 이 책에서 인용함
89. 1930년대를 전후해, 프랑스에서 나타난 문학 운동. 허무주의를 비판하면서, 작가의 활동과 작
품에 있어 혁명적이고 모험적인 행동이 필요하다고 하는 사조다. 앙드레 말로, 생텍쥐페리, 몽테를
랑 등이 대표적이다.

하는 신념이 가득한 사람들이었다.

주인공 '나'(소설의 시점은 1인칭이다)는 1926년 툴루즈에서 다카르 사이를 비행하는 우편기 조종사로 입사한다. 위험한 직업에 충실할수록 살아 돌아올 확률은 떨어진다. 하지만 동료들은 비행을 멈추지 않았다. 나도 혼자서 산악과 바다와 뇌우雷雨와 우편기를 두고 겨룬다. 몇몇 동료들은 정복되지 않은 사하라 사막을 가로질러 카사블랑카와 다카르 사이의 프랑스 항공로를 창설하기도 한다.

동료를 잃는 슬픔도 잠시, 조종사들은 직업의 위대함을 간직한 채 또 떠난다. 자신에 대한 책임, 우편기에 대한 책임, 그리고 기대하는 동료들에 대한 책임과 인간의 운명의 일부에 대한 책임 때문에.

사막에서 지내는 기간 동안, 주인공인 나는 카프쥐비에서 지냈는데 모르인들의 천막에서 차를 마신다. 저녁마다, 모르인들의 한 노예가 나에게 말한다. "마라케시로 떠나는 비행기에 나를 숨겨 주시오……." 그는 믿는 듯했다. 내가 그를 걷게 할 수 있는 힘이며 자기 운명 위에 불게 될 순풍과도 같은 존재라고. 그러나 나는 일개 조종사일 따름이다. 그곳에서 노예들은 '바르크'라고 불린다. 그래서 이 사람도 바르크라고 불렸다. 그는 4년간이나 노예 생활을 했지만, 아직도 자유를 체념하지 않았다.

노예는 마라케시에서 양떼를 모는 몰이꾼이었다. 어느 날, 아랍인들이 그에게 다가와 산골짜기에서 그를 붙들고 팔아버렸다. 나에게 그는 자신이 모하메드였다고 말한다. 나는 그를 도망치게 할 힘이 없지만,

공항 기관사들의 도움을 받아 그를 사려고 시도한다. 노예를 사고파는 유럽인들을 만난 적이 없는 모르인들은 값을 비싸게 불렀다. 이래서 몇 달이 흘렀다. 마침내 모르인들이 수그러지고, 편지로 청했던 프랑스 친구들 도움으로 나는 바르크 영감을 살 수 있었다. 나는 그를 노예 신분에서 벗어나게 했다. 바르크가 단 하루도 자유를 포기하지 않았기 때문에, 나는 그를 도와줄 수 있었다.

우리는 그를 세상에 내보내는데 약간 얼떨떨해하면서 이 쉰 살 난 갓난애에게 작별의 손짓을 했다.

"잘 가요. 바르크!"

"아녜요."

"뭐라구, 아니라고?"

"아녜요. 나는 모하메드 벤 라우셍인 걸요."

… 그는 자유였기 때문에, 사랑을 받을 권리, 북쪽이든 남쪽이든 마음대로 갈 권리, 자기가 일해서 자기의 빵을 벌 권리 같은, 이런 본질적인 재산들을 소유할 것이다.

모하메드는 자신이 노예인 '바르크'가 아니라 이름이 있는 자유인임을 한시도 잊지 않았기 때문에 자유를 찾는다. 작가는 여기서, 인간의 본질적 재산에 대해서 얘기한다. 우리가 무심코 지나치는 사랑하고 사랑받는 것, 여기저기 마음대로 다니는 것, 내 몸을 위해 일해서 먹을 것을 취하는 것이 본질적인 우리의 재산이라고 일깨워준다. 물질만 재산이 아니라는 것이다.

작가는 인간의 진실을 찾아 생각의 여행을 떠난다.

진리란 증명되는 것이 아니다. … 다른 어느 것이 아니고 바로 이 종교, 이 가치 기준, 이 활동 형태가 인간 속에서 이러한 충만감을 북돋아 주고, 자기 속에 알지 못하던 하나의 왕자를 해방시켜주는 것이라면, 그것은 그 가치 기준, 그 문화, 그 활동 형태가 바로 인간의 진리인 까닭이다. 그러면 논리는? 논리가 인생을 설명하기 위해서는 고생을 겪어 내야만한다.

나는 지상의 소명에 따라, 다른 사람들이 수도원을 택한 것처럼 사막이나 항공로를 택한 사람들 중에서 몇몇의 예를 들어왔는데 … 더러는 필요한 방향을 향해 당당하게 그들의 길을 만들어간다.

작가는 진리란 '증명되는 것이 아니라, 가치 기준과 문화와 활동 형태가 인간의 진리'라고 말한다. 또 논리가 인생에 대해서 말하려면 고생 같은 것들을 겪어야 한다고. 말이나 사고로 흔히 논리를 세우지만, 그 논리가 인생의 값진 것이 되려면 여러 경험과 실패를 맛보아야 비로소 참 이치를 만난다고.

나는 사막 한가운데에서, 가솔린 탱크와 오일 탱크가 터진 비행기와 함께 버려졌다. 동료 프레보와 함께. 물 없이 며칠을 지내다가 낙하산을 잘라 돌멩이에 맨 후 이슬을 담아 모은다. 하지만 낙하산에 있던 도료 때문인지 먹을 수 없는 물이었으므로 마시지 못한다. 사흘 동안 여기저기를 걸어보고 다시 비행기를 버리고 동쪽을 향해 걸어간다. 오늘도 나는 구조에 희망을 걸고 계속 걷는다. 탈수로 인해 손이 떨리고 전신이 경련으로 흔들린다. 관목들이 있는 데까지 걸어가야 했지만 엄청 난 한계였다. 이미 2백 킬로미터를 나아갔는데. 그들은 걷는다는 이유 만으로 걸었다. 어느 순간 모래에 찍힌 인간의 발자국을 발견하고는 이것을 기적이라고 말한다. 아! 사막의 그 광활함 앞에 같은 인간의 발 자국은 기적일 것이다. 갑자기 닭 우는 소리를 들었고 한 사람의 아랍 인이 나타났다가 낙타와 함께 사라지고, 곧 다른 아랍인이 사구 위에 나타났고 그들을 발견한다.

나는 자신들을 발견하고 구해주는 그 아랍인을 생명을 창조하는 신 에 비유한다. "그의 상반신의 움직임, 그의 시선의 산보, 단지 그것만 으로 그는 생명을 창조하는 것이고 또 그가 신神과 같이 보이는 것이 다……."

생텍쥐페리는 모든 것이 잘못돼서 절망의 밑바닥 가까이 갔을 때, 그 모든 것을 단념했는데 그러고 나서 평화를 얻었다고 고백한다. 또 한 "사랑한다는 것은 결코 서로를 쳐다보는 것이 아니라 같은 방향을 함께 쳐다보는 것"임을 가르쳐준다. 여기에서 우리 곁에 있는 것들의 소중함을 '물'을 통해 드러낸다.

물!

물, 맛도 없고, 색깔도 없고, 향기도 없어 너를 정의定意내릴 수도 없는데, 사람들은 너를 알지도 못하면서 너를 맛본다. 너는 생명에 필 요한 것이 아니라 네가 바로 생명이다. 너는 감각으로는 도무지 설명 할 수 없는 기쁨을 우리에게 스며 넣어준다. 너와 함께 우리가 단념했던 모든 힘이 되돌아온다. 네 덕택으로 우리 가슴 속의 말라 버린 모든 샘물이 다시 솟는다.

너는 이 세상에서 가장 큰 보화이며, 또한 너는 가장 섬세해서 대지의 배 속에서 그렇게도 맑은 것이다. … 너는 무한 단순한 행복을 우리에게 쏟아주고 있다.

물은 꼭 필요한 물질이다. 항상 곁에 있지만 우리는 그 고마움을 느끼지 못한다. 사막에서 물을 찾아 헤매면서 생텍쥐페리는 물과 같은 일상의 가치들에 대해 떠올린다. 마치 일상의 그 모든 것들의 소중함을 그것이 떠나간 뒤에 느끼는 것처럼. 이 세상에서 가장 큰 보화를 물로 표현함으로써, 우리 곁에 존재하는 것들의 소중함을 깨우쳐 준다.

생텍쥐페리는 농부가 쟁기를 연장으로 삼듯 비행기를 연장 삼아 하늘에서 일하고 진리를 추구했다. 별과 어둠만이 보이는 고독한 비행기 안에서, 사막에서, 그는 인간과 인간을 떠받치고 있는 이 지구를 생각했다. 그는 죽음을 깔보는 투우사나 책임에 뿌리박고 있지 않은 자살자들을 경멸한다. 실종의 경험으로 온몸이 잘려나가는 고통을 겪고 정신이 혼미한 상태에서도 그는 살고자 했으며, 생명을 지켜야 하는 고귀한 것으로 생각했다. 그가 사랑한 것은 생명 바로 그 자체다. 그는 작품에서 생명에 대한 의지와 존엄성 표현을 통해 생명을 진정으로 사랑하는 인간인 자신을 보여준다.[90]

---

90. 《인간의 대지》 중 옮긴이의 서문

생텍쥐페리는 생각과 행동의 일치를 추구하는 지행일치知行一致의 마음으로 우편기를 조종했으며, 1939년 제2차 세계대전에 공군 장교로 참여한다. 그는 나이(당시 39세)도 적지 않고 몸이 안 좋아 전쟁 참가 허락이 떨어지지 않았지만, 끝까지 지원해 정찰 임무를 수행한다. 그리고 1944년 5월 그는 돌아오지 않았다. 생텍쥐페리는 정찰 비행 대대에서 출격했다가 독일 전투기에 격추되어 사망했다. 그날의 작전 일지에는, "우리에게 있어서 신념의 위대한 모범이었던 인물을 상실했음"이라고 기록돼 있다. 이를 봤을 때, 신념에 따라 산 한 인간으로서, 작가로서, 행동하는 지성인으로서의 그의 면모를 살펴볼 수 있다.

생텍쥐페리가 전쟁에 참여해 정찰 임무를 수행하고, 그의 우편기 조종을 향한 열정을 볼 때, 국가와 사회에 대한 그의 책임감을 만날 수 있다. 그는 작가로서 이미 인기가 있던 미국의 편안한 삶을 뒤로하고, 전쟁에 기꺼이 임했다. 매일 이어지는 전쟁의 포화 속에서도 자신이 정한 삶의 가치에 따라 비행했다. 작가로서, 생각에만 머물지 않고 행동하는 인간으로서 역할을 수행했다.

지행일치의 삶은 생각보다 쉽지 않다. 하지만 지행일치가 어렵다고 지키지 않으면 삶은 방향을 잃게 된다. 상황, 관례, 나이 같은 핑계를 대지 않고 지행일치에 지향을 두면 올바른 방향으로 삶을 끌어갈 수 있다.

비행은 고독의 연속이었으며 생텍쥐페리는 고독을 즐겼다. 고독과 사색, 열정 속에서 그의 아름다운 이야기들이 탄생했다. 절망이 온 주위를 감쌌을 때, "여기에서 더 한 걸음 내디디는 거야"라고 생텍쥐페리는 외친다.

《천국의 열쇠》[91]

스코틀랜드에서 태어난 프랜시스 치점은 아홉 살 되던 해, 홍수로 물이 넘친 다리를 건너 집으로 오던 부모님을 밤새도록 기다렸다. 하지만 두 분은 끝내 돌아오지 않았다.

어린 프랜시스는 고아가 됐다. 소년에게 남겨진 보험료와 유산을 노린 외할머니의 탐욕으로 고생하지만, 소년은 원하던 대로 고모부 집으로 옮긴다. 고모부와 그 동생 폴리 아주머니의 소망에 따라 그는 홀리웰 신학교에 입학한다.

그는 노라(폴리 아주머니의 조카)를 진심으로 좋아해서 상급 신학교에 진학을 포기할까도 생각한다. 하지만 노라는 여자아이를 낳았고 그것을 숨기기 위해 건달과 결혼하기로 돼 있었다. 프랜시스는 이 결혼에

---

91. A.J. 크로닌, 이승우 옮김, 《천국의 열쇠》, 바오로딸, 2012. 이하의 소설 인용문은 이 책에서 인용했다.

반대했다. 하지만 노라는 결혼식 전날 기차에서 뛰어내려 자살한다.

프랜시스는 자신에게 주어진 사제의 길을 받아들였다.

1902년 프랜시스는 주교의 제안으로 중국 교구에 선교사로 간다. 안셀모 밀리 신부가 알려준 성당은 잔해만 남아있었다. 전임자 신부의 잘못된 보고 때문이었다. 또 그 신부는 돈을 주면서 세례를 받게 했기 때문에 사람들은 어리석은 외국인에 대한 경멸을 품고 있었다. 프랜시스는 돈으로 신자를 사는 일은 절대로 하지 않겠다고 맹세했다.

프랜시스는 상점의 방을 빌려 진료소를 개설하고 사람들을 치료했지만, 그에 따른 사례나 신앙을 강요하지 않았다. 얼마 후, 그는 중국인 의사들이 못 고친 자 씨의 외아들을 치료한다. 자 씨는 그 지방의 세력가였다. 세력가는 사례로, 프랜시스가 간절히 원했던 성당의 땅과 일꾼을 제공한다. 성 안드레아 성당이 완공되고 수녀들도 오자 성당과 진료실과 고아원은 깨끗하게 정리된다. 그동안 흑사병이 지나가고, 비가 2주나 넘게 내리고 난 후 성당은 무너졌다. 그 날은 본국에서 안셀모 밀리 신부가 중국선교사업을 시찰하기 위해 도착하기 전날 저녁이었다. 아름다운 벽돌과 오색 창문이 영롱했던 성당은 무無로 돌아가고, 프랜시스는 절망한다. 무너진 성당을 본 밀리 신부는 그에게 굴욕감을 준다. 이런저런 일에도 프랜시스는 묵묵히 자신이 옳다고 믿는 가치대로 중국에서의 사명에 최선을 다한다.

성 안드레아 성당에는 세 명의 수녀가 파견되었다. 마르타 수녀와 클로틸드 수녀는 겸손한 태도와 청빈함을 지닌 프랜시스 치점 신부를 존경한다.

　그분은 외투만 두른 채 마룻바닥에서 그대로 잠을 자는 모양입니다. 잘 때까지 사용된다는 그 푸른 외투는 낡을 대로 낡아 털이 다 빠져버린 것인데도 그분은 꽤나 소중하게 여기면서 "이건 정말 좋은 외투입니다. 홀리웰의 신학생 시절부터 애용해온 것이랍니다" 하고 말하는 것을 언젠가 들은 기억이 있습니다.

　마리아 베로니카 원장 수녀는 독일의 귀족 출신으로, 처음에는 치점 신부를 무시한다. 원장 수녀는 치점의 변변치 않은 겉모습만 보고 그의 신분을 단정 짓고 혐오한다. 하지만 치점 신부는 그런 태도에도 묵묵히 자신의 신념에 따라 행동할 뿐, 변명하거나 자신이 옳다고 강요하지 않는다. 결국, 베로니카 수녀는 치점 신부가 '너무나 아름다운 영혼을 가지신 분'이라고 고백한다. 베로니카 수녀의 오빠인 에른스트 폰 호엔로 백작의 호의로 성당은 재건된다. 신부는 성당과 고아원에 자신의 평생을 바친다.
　43세 무렵, 미국 감리교회 계통의 프로테스탄트 목사가 큰 건물을 지어 그곳으로 온다는 소식이 왔다. 그날 저녁, 신부는 거리로 나갔다. 오랜 벗인 자 씨는 숨겨진 조직으로 지방 전체를 휘어잡는 재력가였다. 자 씨는 신부의 구역에 오는 목사를 간단히 쫓아버릴 수 있을 거라며 달콤한 유혹을 건넨다. 하지만 치점은 말한다.

　천국에 들어가는 문은 많이 있습니다. 우리가 이쪽 문을 택해서 천국에 들어가듯이, 새로 오시는 선교사들은 그 다른 편의 문을 택했다는 것뿐입니다. 그분들이 자기의 믿음의 길을 따라 신앙과 자선을 베풀 권리를 우리가 어떻게 막을 수 있겠습니까?

자 씨는 이방인 신부를 놀라운 눈으로 본다. 치점 신부의 호의로 목사는 친구가 되었고 두 교회의 사업은 아무런 불화도 없이 발전해 나간다. 신부가 중국에서 보낸 시간의 의미는 중국인들이 보여준다. 그가 센샹에 다녀오는데 성 안드레아 성당에서 제일 가난하고 신분이 낮은 쉬 할머니가 기다린다.

놀라운 일은 내(치점 신부) 모습을 보자 그녀의 얼굴이 활짝 밝아지는 것이 아닌가! 빠른 말씨로 지껄여대는 할머니 말에 의하면, 내가 없는 것이 쓸쓸해서 벌써 사흘 동안이나 오후만 되면 으레 부두에 나와서 비를 맞으며 내가 돌아오기를 기다렸다는 것이다. 할머니는 제사에 쓰는, 쌀가루와 설탕으로 만든 떡을 여섯 개 내밀었다. … 한 인간이 적어도 다른 한 사람에게 없어서는 안 될 다시 없는 귀한 존재라는 것은 기쁜 일이다.

36년 동안 성 안드레아 성당을 지킨 치점 신부는 본국으로 돌아간다. 신부는 아픈 다리로 무릎을 꿇고 기도드렸다. "제발 행위가 아니라 지향을 보아 제 생애를 심판하소서…." 처음 신부가 된 치점과 안셀모 밀리는 타인캐슬의 본당에서 같이 근무했었다. 둘은 어릴 때도 신부가 됐을 때도 달랐다. 치점 신부는 낮은 곳에 있는 사람들에게 관심과 사랑을 주었고 밀리 신부는 늘 고위직으로의 출세와 평판을 중요하게 여겼다. 치점이 중국에서 돌아와 보니 안셀모 밀리는 주교가 돼 있었다.

작가는 치점 신부를 통해, 바람직한 삶의 자세를 제시해준다. 어린 시절부터 치점은 성실과 양심에 따른 길을 걸었다. '천국의 열쇠'는, 인간으로서 진실한 마음과 양심에 따라 평생을 노력했던 치점에게 주어짐을 암시한다. 안셀모 밀리처럼 권력, 성과, 평판을 중시한 이에게 주어지는 것이 아님을.[92]

노라의 딸 주디는 변덕이 많고 안정된 생활을 하지 못 했다. 불행도 유전이 되는지, 40줄에 들어선 주디는 결혼했고 즉시 버림받았다. 그녀는 짧은 결혼생활로 임신을 했고 아이를 낳고는 죽었다. 치점 신부는 주디가 남긴 불행한 어린애를 보살피는 여인에게 돈을 보냈다. 어린 아이의 이름은 성당 이름을 따서 '안드레아'라고 했단다. 고향으로 돌아온 치점 신부가 찾아갔을 때, 안드레아는 너무도 가난하고 더러운 빈민굴에서 돌봄을 받지 못한 채 있었다. 가난한 여인은 돈만 받았을 뿐 아이에게는 관심을 줄 여력이 없었다. 치점은 그 아이를 양자로 삼았다.

치점 신부는 고향인 트위드사이드 본당을 맡게 해달라고 밀리 주교에게 간청했다. 밀리 주교는 허락했으나, 작은 것이라도 문제가 된다면 치점을 은퇴하도록 해도 좋다고 여겼다. 밀리는 치점 신부를 평가

---

92. 이승우(옮긴 이) 서평, A.J. 크로닌, 이승우 옮김, 앞의 책

하기 위해 비서인 슬리스 신부를 파견한다. 슬리스 신부는 주교와 주위의 이야기를 듣고 치점 신부에게 선입견을 갖고 있었다.

"실례입니다만 이것만은 밝혀두겠습니다. 신부님 평판은 중국에 가시기 전부터 … 신부님 생애는 좀 특이한 것이었으니까요."

치점 신부는 조용히 말했다.

"나는 내 인생의 평판을 하느님께 맡기겠소."

슬리스 신부는 자기의 경솔함이 겸연쩍게 여겨져 눈을 아래로 내리감았다.

자신의 어린 시절과 노라를 생각할 때, 치점 신부는 주디의 아이를 지켜주고 싶었다. 슬리스 신부의 출현으로, 치점은 자신이 하느님에게도 인간에게도 버림받은 것처럼 여겨졌다. 스리스 신부는 안드레아를 고아원에 보내는 것이 좋겠다고 말했다. 공책에 기록된 것들을 몰아붙이듯 질문하는 슬리스 신부를 만나, 치점 신부는 침착하고 부드러우면서도 솔직하게 답한다. 치점은 늘 그랬다. 무지막지한 태도를 보이는 상대에게 겸허하고 부드러운 말과 태도로 진실을 보여주었다. 강요하지 않았다. 조용히 자신의 의견을 펼치는 치점 신부의 태도에 슬리스 신부는 갈등한다. 슬리스 신부가 보니, 치점은 소문과도 겉모습과도 다르게 훌륭한 인품을 지녔고 진솔한 마음을 품은 사람이었다.

안드레아는 정자로 연을 가지러 뛰어갔다. 노신부는 연을 만드는 데도 특별한 재주가 있었다. 지금 그 잘 만들어진 종이연이 긴 꼬리를 꿈

틀거리며 하늘로 치솟는 모습은 (슬리스도 싫지만 인정하지 않을 수 없는 멋진 광경이었다) 무슨 거대한 새 같다.

… "그것은 이교도들의 풍속이 아닙니까?"

"그렇지요. 그들의 풍속입니다. 정말 기품 있는 민족입니다."

… 노사제는 그렇게 노는 가운데 교육을 시키는 것 같았다. 가끔 신부가 연의 실을 쥐고 이야기하는 동안 소년은 정자에 걸터앉아 그것을 열심히 받아쓰곤 했다. 쓰는 것이 끝나면 그 쓴 종이를 실에 꿰어 하늘 높이 날려 보내고는 두 사람은 좋아라 소리를 지르곤 했다.

슬리스 신부는 호기심을 누를 수 없어 소년이 쓴 종이쪽지를 빼앗아 본 일이 있었다. 바보처럼 보이던 소년은 놀라우리만큼 정확하게 받아 썼고, 철자법도 틀리지 않았다.

"나는 모든 어리석음과 잔학함에 감히 항쟁할 것을 진심으로 맹세한 다, 안드레아. 관용은 최고의 덕이다. 겸양이 그 다음 간다."

그날 오후 슬리스 신부가 떠나자 치점 신부와 안드레아는 뒷문을 빠져나왔다. 소년의 눈은 아직도 눈물자국으로 부어 있었으나 다시 안심한 듯 기대와 희망으로 빛나고 있었다.

"트위드사이드 제일의 어부와 연어를 낚으러 가다니 넌 참 행복한 녀석이다. 하느님께서는 예쁜 물고기를 만드시고, 안드레아, 우리에게 그걸 낚으라고 주셨단다."

손을 꼭 잡은 채 사제관을 나선 그들의 뒷모습은 점점 작아지더니 좁은 길을 따라 강 쪽으로 사라져갔다.

작가는 치점 신부의 열린 태도, 자신이 옳다고 믿는 가치관에 따라 평생을 헌신한 신부를 통해 삶의 방향과 자세를 이야기해 준다. 종파가 다른 이의 종교를 존중하는 태도, 남의 평판보다 자신이 믿는 대로 사는 꿋꿋함, 나보다 못하다고 생각하는 사람들에 대한 존중, 옳지 않다고 여기는 일에 타협하지 않음, 물건 소유에 집착하지 않고 자신이 줄 수 있는 것은 기꺼이 주는 마음.

고故이태석 신부는 남수단으로 가 그곳 사람들과 친구가 되었다. 내전으로 힘들게 사는 아이들을 돌보고 음악으로 위로를 건넸다. 신부가 한국에서 후원금을 모아 애쓴 덕분에 그곳에는 학교와 치료소가 세워졌다.[93]

신부는 멀리 떨어진 한센병 환자들의 마을에도 갔고 환우들의 상처와 상처받은 마음을 받아주었다. 이렇게 그는 가난하고 힘없는 이들의 친구였다. 이태석 신부는 왜 그 먼 곳까지 가서 연고도 없는 이들을 돌봤냐는 질문에, "여태까지 저에게 선한 영향을 주신 분들이 많았다. 그분들 때문에 그런 일을 한 것 같다"라고 말했다.

또, 김하종(빈첸시오 보르도)으로 개명하고 귀화한 신부는 이탈리아 출신이다. 그는 '안나의 집'을 만들고 24년간 매일 노숙인에게 무료로 저녁을 제공한다. 지금도 매일 약 500명 넘는 노숙인을 위해 직접 부엌

---

93. 이태석, 《친구가 되어 주실래요》, 생활성서사, 2012

일을 한다. 또, 노숙인과 청소년을 위한 프로그램도 운영하고 있다.

　　우리 모두 위의 신부님처럼 헌신하며 살 수는 없다. 하지만 우리도, 작은 일상에서 선한 영향력을 줄 일을 할 수 있다. 부산의 동래에 '약○온천'이 있다. 그곳 탕 주변에는, 감동적이거나 배울 수 있는 글들을 코팅해 놓아둔 읽을거리가 있다. 사장님 아들이 글을 모아 제공하는데, 글보다 스마트폰에 익숙한 우리에게 가끔은 글을 볼 수 있는 기회를 준다. 자신의 상황에서 온천에 오는 고객에게 할 수 있는 서비스를 제공하는 그분에게 감사했다.

《오만과 편견》

제인 오스틴Jane Austen(1775~1817)은 영국 소설의 '위대한 전통'을 창시했다는 평가를 받고 있다. 그녀는 《오만과 편견》(1813), 《에마》(1815) 등의 소설로 200년 동안 독자들을 매료시켰다. 오스틴은 개인의 일상생활을 중심으로 세밀한 관찰력과 날카로운 시선으로, 당시 물질 지향적인 세태와 허위의식을 풍자하면서 도덕의식을 탐구했다. 또 당대에 유행하던 사실적이고 정교한 작품 세계를 창조했다.

소설[94]은, 부유하고 집안 좋은 빙리 씨가 베넷 가家와 가까운 곳에 잠시 머물게 되면서 베넷 부인의 관심을 받는 것으로 시작한다. 베넷 가는 딸만 내리 다섯을 두었다. 베넷 부인은 맏딸 제인의 짝으로 빙리

---

94. 제인 오스틴, 《오만과 편견》, 민음사, 2003. 이하의 소설 인용문은 이 책에서 인용했다.

씨를 마음에 둔다. 이 부인의 평생 사업은 딸들을 출가시키는 것이고 이웃을 방문해 수다 떠는 것이었다. 책과 전원을 사랑하는 베넷 씨는 가장으로서 부인의 잔소리에는 머리를 흔들어도 부인의 부탁을 들어주었다. 그는 어리석고 꼭 막힌 부인에 대해서는 실망했지만, 가장으로서 책임을 다하고 딸들을 사랑한다.

베넷 씨는 둘째인 엘리자베스에 대한 애정이 특별했다. 베넷 씨는 엘리자베스의 생각을 알고 있다. "네 성품을 내가 아는데, 넌 진심으로 남편 되는 이를 존중하지 않으면, 너보다 나은 사람으로 존경하지 않으면, 행복해질 수도 유복해질 수도 없다는 걸 알고 있어." 엘리자베스는 아버지의 서재에서 여러 책을 읽었기 때문에 풍부한 지식을 지녔고 편지, 특히 글을 훌륭하게 썼다. 또 엄마가 원하는 배우자로서의 조건보다는, 사랑하는 사람과의 결혼을 원했다. 그녀는 부부가 사랑해야 행복할 것 같다고 생각한다. 엘리자베스는 자기 집안의 재산이나 사회적 신분 때문에 위축되지 않고 가족들과 이웃들에게 애정을 표했으며 그들을 존중했다. 그녀는 생기발랄한 성격을 지녔다.

무엇이든 우스꽝스러운 일을 보면 재미있어 못 참는 활기차고 장난스러운 성격이었던 것이다. … 그녀는 자기 언니보다 관찰력이 예리하고 성격도 더 깐깐한 데다, 누가 관심을 가져준 탓에 판단력이 흐려지는 일도 없었으니 … 엘리자베스는 언짢은 기분을 오래 간직하는 성격은 아니었다.

빙리는 맏딸 제인을 좋아했지만, 친구 다아시의 의견을 따른다. 다아시는 제인과 엘리자베스는 훌륭하다고 보았으나, 베넷 부인과 아래 동생들의 경박함 때문에 반대했다. 엘리자베스는, 다아시가 아주 높은 신분과 재산을 과신하며 오만과 자만심을 가진 사람이라고 생각한다.

빙리 씨는 잘생겼고 신사다웠다. 유쾌한 용모에, 편하고 가식 없는 태도를 지니고 있었다. … 그의 친구인 다아시 씨는 멋지고 훤칠한 몸매와, 잘생긴 이목구비, 고상한 태도로 금방 방 안 사람들의 주목을 끌었다. 그가 들어온 지 5분이 지나지 않아 그의 연 수입이 만 파운드나 된다는 말이 온 방에 퍼졌다.

엘리자베스는 다아시가 거만하고, 남들을 무시하며 까다롭다는 편견에 사로잡혀 있었기 때문에, 나중에 다아시가 청혼했을 때 거절한다. 제인 오스틴은 오만과 허영에 대한 생각을 동생 메리를 통해 표현한다.

"오만이란 실제로 아주 일반적이라는 것, 인간 본성은 오만에 기울어지기 쉽다는 것. 실제건 상상이건 자신이 지닌 이런저런 자질에 대해 자만심을 품고 있지 않은 사람은 우리들 가운데 거의 없다는 것이 확실해. 허영과 오만은 종종 동의어로 쓰이긴 하지만 그 뜻이 달라. … 오만은 우리 스스로 우리를 어떻게 생각하느냐와 더 관련이 있고, 허영은 다른 사람들이 우리를 어떻게 생각해 주었으면 하는 것과 더 관계되거든. … 오만은 내가 보기에는 가장 흔한 결함이야."

베넷 씨의 재산은 남성에게 상속해야 한다는 약속 탓에 사촌인 콜린스에게 상속될 예정이었다. 이것이 딸만 다섯인 베넷 가의 걱정거리였다. 베넷 부인은 위로 두 딸을 부잣집으로 시집 보내 밑의 동생들을 도와주도록 하고 싶었다. 사촌 콜린스는 엘리자베스에게 청혼하지만, 그녀는 거절한다. 콜린스는 곧 그녀의 친구인 샬럿과 혼인한다. 샬럿은, 혼기가 찬 자신은 집안에 눈치가 보여 결혼하고 싶다고 말한다. 당시 결혼하지 못한 처녀들의 위기감이 그대로 전해진다. 하지만 이런 상황은 엘리자베스도 마찬가지였고 그녀는 자신의 상황 때문에 결혼을 선택하지는 않는다. 마음이 허락하는 결혼을 하고 싶은 그녀의 생각을 알 수 있다.

결혼한 샬럿을 방문한 곳에서 엘리자베스는 다아시를 만난다. 콜린스 부부의 후견인인 캐서린 드 버그 영부인이 다아시의 이모였다. 여기서 다아시는, 열정을 담아 엘리자베스에게 청혼했고 그녀는 거절한다. 하지만 얼마 지나지 않아 그녀는 다아시가 따뜻하고 배려 깊은 사람임을 알게 되고, 다아시를 존중하고 마음을 다해 사랑하게 된다.

엘리자베스는 자기의 신분이 높지 않고 재산이 적음을 비관하는 대신 독서를 통해 배운다. 캐서린 드 버그 영부인이 베넷 가의 딸들은 가정교사도 없이 방치되었다고 말하지만, 엘리자베스는 "배우고 싶을 때 방법이 없어서 못 배운 적은 없답니다. 언제나 책을 읽도록 권장해 주셨고, 선생님이 필요한 경우에는 모두 구해주셨지요"라고 대답한다. 독서 덕분에 엘리자베스는 현명한 생각과 행동을 지니게 됐고 자신만의 주관을 가질 수 있었다. 남자의 신분이나 돈에 의지하는 시대에도,

그녀는 다아시의 신분과 재산에 현혹되지 않고 그가 좋은 사람이라는 판단이 섰을 때 비로소 그를 사랑한다. 작가는, 진실하며 품격 있고 상대방을 배려하는 다아시의 인격이 그가 가진 재산보다 영향을 줄 수 있음을 엘리자베스를 통해 보여준다.

캐서린 드 버그 영부인은 조카 다아시가 엘리자베스에게 청혼했다는 소문을 듣고 갑자기 찾아온다. 둘만의 산책길에서 영부인은 엘리자베스를 몰아붙인다. 영부인은 다아시가 자신의 딸과 결혼하기를 원했으므로, 가문도 재산도 없는 베넷 가 사람은 다아시의 짝으로 어림도 없음을 상기시킨다.

엘리자베스는 논리로써 영부인 말의 모순을 밝히고 다아시와 자신과의 일에 더는 참견하지 않도록 잘라 말한다. 그녀가 다아시와 약혼하지 않았다고 말하자 영부인은 요구한다.

"그럼 나한테 약속해줄 수 있겠나, 그런 약혼은 안 하겠다고?"
"그런 약속은 드릴 수 없습니다."
"베넷 양, 정말 놀랍군 그래. 좀 더 분별있는 처녀인 줄 알았는데. 그렇지만 내가 물러설거라고 속단하진 마. 내가 요구하는 확답을 들을 때까지 가지 않을 터이니."
"분명히 말씀드리지만, 전 절대로 그런 확답을 드릴 수 없어요. 협박을 당한다고 해서 이치에 닿지도 않는 일을 받아들일 사람이 아니에요. 영부인께서 다아시 씨가 따님과 결혼하기를 원하시지만, 제가 원하시는 약속을 드린다고 해서 그 두 사람의 결혼이 더 현실성이 있어지겠어요? … 영부인의 조카분이 자기 문제에 당신이 끼어드는 것을 어느 정도 허용하실지는 모르겠지만요. 제 일에 관여할 권리는 분명 없으십니다. 그러니까 제발 이 문제로 더 이상 절 성가시게 하지 말아주십시오."

영부인의 요구에 엘리자베스는 분명하게 말한다. 그녀는 앞으로도 영부인의 의사와 상관없이 자기 생각대로 행동할 것을 밝힌다. 높은 신분의 영부인이 그녀를 주눅들게 하고 협박에 가까운 말로 대화를 시도하지만, 엘리자베스는 영부인의 의도대로 대답하지 않고, 자신의 판단대로 대답한다. 비록 상류층 가정처럼 훌륭한 교육을 받지는 못했지만, 많은 책을 소유한 아버지의 서재에서 지성과 슬기를 기른 덕분이다. 다아시와 엘리자베스의 뜻대로 사랑하는 연인은 결혼한다.

오스틴[95]은 '노한 사람이 늘 슬기로울 수는 없는 일이다', "불행한 일이 있을 때는 이웃들을 안 보는 것이 상책이야. 도움을 받기는 불가능하고, 위안을 받는 것도 못 견딜 일이야. 멀리서 우릴 보면서 승리감을 만끽하면 됐지 말이야"라는 표현으로 감정의 영향으로 일을 그르치지 말라고 충고한다. 또 겉과 속이 다른 이웃의 진정한 심리를 작품을 통해 전한다. 오스틴은 자신이 고대와 현대를 망라하는 영국 문학에

---

95. 1775년 태어난 제인 오스틴은 여성의 교육이 제한된 시대에 약 2년간 기숙학교를 다녔고, 자녀들의 재능을 북돋아주는 데 적극적이었던 아버지와 지적이고 문학적인 집안 분위기에 힘입어 열한 살부터 꾸준히 습작했다. 《오만과 편견》을 비롯한 6권의 장편소설과 미완성을 포함한 3편의 중편소설을 남겼다. 영국인들이 사랑하는 여성작가다.

대한 폭넓은 지식을 갖추지 못했음을 고백한다. 그러면서도 "저는 많이 배우지 못하고 더없이 무지한 여성으로서 감히 여성 작가이기를 꿈꾸었던 사람이라는 것을 온 허영심을 다해 당당하게 말씀드리는 바입니다."[96]라고 밝힌다. 또 제인 오스틴은 《오만과 편견》을, '예쁜 내 새끼My own darling child'라고 부르며 작품에 무한한 애정을 드러내기도 했다.[97]

훗날 영국의 조지 4세 왕이 되는 조지는 섭정 왕자 시절 제인 오스틴의 소설 《오만과 편견》의 열렬한 독자였다. 오스틴은 왕자의 전담 사서인 제임스 클라크에게 전한 편지에서, 클라크의 요구에 답을 한다.

"아니, 그럴 수는 없습니다. 저는 저만의 스타일을 고수하면서 저만의 방식대로 계속 글을 써야 합니다. 비록 그렇게 해서 또 다시 성공할 수는 없다고 하더라도."[98] 제인은 작가로서 자기 생각대로 쓰기를 원했고, 모든 간섭을 거절했다. 왕자의 전담 사서는 요구 조건을 관철할 강력한 힘을 가졌지만, 오스틴은 굽히지 않는다.

오스틴의 생각은 엘리자베스를 통해 나타난다. 엄마가 상속권을 지

---

96. 박명숙, 《제인 오스틴의 말들》, 마음산책, 2019
97. 위의 책
98. 1815년 조지 왕자의 초대를 받아 칼튼 하우스를 방문한 제인은 그곳에서 왕자의 전담사서인 제임스 클라크를 만났다. 그는 제인에게 곧 출간될 다음 작품 《엠마》를 왕자에게 헌정할 것을 강력하게 요구했고, 제인을 이를 받아들여 섭정 왕자 조지에게 헌정했다. 위의 책을 참조했다.

닝 콜린스와 결혼하기를 강요했지만, 그녀는 단호하게 거절한다. 친구가 쫓기듯 결혼했어도 그녀는 확신이 없는 사람과의 결혼은 거부했다. 엘리자베스는 신분이나 돈에 얽매이지 않고 주체적으로 생각하고 행동했다. 다아시의 재력과 신분이 엘리자베스를 움직이게 한 게 아니라, 그의 따뜻한 마음과 고결한 인품이 그녀의 마음을 움직였다. 엘리자베스는 책을 통해 지혜와 판단력을 길렀고, 이것들이 그녀 행동과 말의 지침이 됐다.

생기와 발랄함을 지닌 엘리자베스는 말한다.

"제 철학 가운데에는 이런 것이 있어요. 기억하기에 즐거운 과거만 생각하라는 것."

이 작품이 탄생했던 시절은, 남편의 신분과 재력이 여성의 그것을 결정하던 시대였다. 그 시절의 여성과 달리 지금은, 여성도 상속권이 있고 직업을 가질 수 있다. 인생에서 결혼이 모든 것을 결정하는 것도 아니고, 내가 삶의 주인공으로 삶을 가꿀 수 있고 결정할 수 있다. 주체적이며 지혜와 판단력을 갖고 내 것을 결정하려면 배움이 필요하다.

시와 공감

　시를 이끌어가는 이는 화자話者다. 물론 이 사람이 숨어 있어 보이지 않기도 한다. 시인은 화자를 내세워 자신의 감정과 정서를 간결한 시어로 표현한다. 하지만 시는 읽기에 그리 녹록하지 않다. 우리말 표현이라도, 긴 문장이나 글을 고도로 짧게 압축해 놓았기 때문에 시행을 따라가면서 상상하고, 구체적인 장면을 마음으로 그리고, 오감으로 느껴가면서 읽어야 한다. 시를 읽는 것은 시인의 그 느낌이 나에게로 오는 순간이다.

　릴케는 《젊은 시인에게 보내는 편지》에서 "쓰고 싶다는 욕구가 당신의 가슴 깊숙한 곳에서부터 뿌리를 뻗어 나오고 있는지를 알아보시고, 만일 쓰는 일을 그만둘 경우에는 차라리 죽기라도 하겠는지 스스로에게 물어보라"[99]고 말했다. 쓰지 않고는 견딜 수 없는 시인의 절박함이

---

99. 라이너 마리아 릴케, 《젊은 시인에게 보내는 편지》, 범우사, 2018

시에 존재한다. 시인은 시를 통해 느낀 감정을 전달하므로 시를 읽는다는 것은 공감의 시작이다. 일반적인 책을 읽을 때보다 더 집중하고 감정에 마음을 쓰면서 시인의 그 느낌을 내가 직접 느껴야 하는 게 시라 할 수 있다. 이런 이유에서 시는 접하기 쉽지 않다. 하지만 시에는 시인이 전달하고 싶은 강렬한 의미가 포함돼 있다. 치열하게 생각하고 또 생각한 시인이 하고 싶은 말.

〈여우난 곬족〉
백석

명절날 나는 엄매 아베 따라 우리집 개는 나를 따라
진할머니[100] 진할아버지가 있는 큰집으로 가면
방안에서는 새옷의 내음새가 나고
또, 인절미 송구떡 콩가루차떡의 내음새도 나고 끼때
의 두부와 콩나물과 뽂운 잔디와 고사리와 도야지[101]비계는
모두 선득선득하니 찬 것들이다.
저녁술을 놓은 아이들은 외양간섶 밭마당에 달린
배나무동산에서 쥐잡이를 하고 숨굴막질[102]을 하고

---

100. 친할머니의 이북 표현
101. 돼지
102. 숨바꼭질의 평안도 사투리

꼬리잡이를 하고 가마 타고 시집가는 놀음 말 타고

장가가는 놀음을 하고 이렇게 밤이 어둡도록 북적하니 논다.

밤이 깊어가는 집안엔 엄매는 엄매들끼리

아르간에서들 웃고 이야기하고

그래서는 문창에 텅납새[103]의 그림자가 치는

아침 시누이 동세들이 욱적하니 흥성거리는 부엌으론

샛문틈으로 장지문틈으로 무이징게국을 끓이는

맛있는 내음새가 올라오도록 잔다.[104]

이 작품은 백석(본명 백기행白夔行, 1912~1996)의 1930년대의 작품이다. 여우가 나온다는 골짜기에 가족들이 모인 명절날의 풍습이 생생하게 담겨있다. 가깝고 먼 일가가 큰집에 모두 모여 새 옷을 장만하고 명절을 준비하는 모습이 그려진다. 어른은 어른끼리 아이들은 아이들끼리 즐겁게 어울리는 장면이 펼쳐진다. 일가가 다 모이면 밤이 깊어갈수록 흥겨움이 더해지고 기쁨이 충만해진다. 그곳은 충만한 화합의 공간이 된다. 명절 전날 아이들은 온갖 놀이를 하다가 지쳐서 잠이 들고, 여자들도 서로 얘기하면서 명절날 음식을 장만한다. 아이들은 뭇국 끓이는 냄새가 집안에 퍼질 때까지 늦잠을 잔다. 이 모습에서는 고독이나 우

---

103. 추녀의 평안북도 사투리
104. 김재용, 《백석 전집》, 실천문학, 1998

울함을 찾아볼 수 없다. 공동체 속에서의 안정감과 행복이 존재한다.

백석은 공동체 안에서 어우러져 살던 어릴 때의 정겨움과 그리움을 자주 표현했다. 그립고, 현재는 돌아갈 수 없는 아득하고 정든 시간에 대한 추억을 귀중하게 돌아본다. 유독 백석의 시에서 볼 수 있는 공동체적 따뜻함이다. 대대로 내려오는 정겨운 관습은 백석의 따뜻한 시선과 민속을 따라가는 추억의 그림이다.

시인은 사라져가는 어린 시절의 놀이를 세세히 떠올려 하나하나 열거한다. 웃고 떠들며 밤을 지새우던 시간 속에 평화롭고 풍요로운 세계가 보존되어 있다. 가족 구성원이 모여 이루는 공동체적 합일의 공간 속에 삶의 힘이 담겨있다는 생각을 드러내고 싶었을 것이다. '여우난 곬족'은 우리 민족 전체를 비유한다.[105]

그 공동체가 일본 제국주의의 무참한 군홧발에 무너졌다. 주권과 자유를 잃은 약한 존재는 이리저리 쫓기고 흩어졌다. 이 나라의 모든 백성이 일제의 노예가 되어 무기력한, 무능력한 존재가 되었다. 백석은 시 〈팔원八院〉에서 찢긴 공동체를 보며 마음 아파한다.

105. 이숭원, 《갈매나무의 시인 백석》, 살림출판사, 2016

〈팔원八院〉
서행시초西行詩抄 3

차디찬 아침인데
묘향산행妙香山行 승합자동차乘合自動車는 텅하니 비어서
나이 어린 계집아이 하나가 오른다
옛말속같이 진진초록 새 저고리를 입고
손잔등이 밭고랑처럼 몹시도 터졌다
계집아이는 자성慈城으로 간다고 하는데
자성은 예서 삼백오십리三百五十里 묘향산妙香山
백오십리百五十里
묘향산妙香山 어디메서 삼촌이 산다고 한다
새하얗게 얼은 자동차自動車 유리창 밖에
내지인內地人 주재소장駐在所長 같은 어른과 어린
아이들과 내임을 낸다
계집아이는 운다 느끼며 운다
텅 비인 차 안 한구석에서 어느 한 사람도 눈을 씻는다

한겨울 새벽 묘향산으로 가는 버스에 어린 여자애가 오른다. 진초록 저고리를 입고 삼백 리도 더 떨어진 자성으로 가기 위해. 어린아이는 일본인 주재소장 집에서 밥을 짓고 걸레질을 하고 아이 돌보는 일을 했다. 가난한 우리 민족처럼. 진초록 저고리가 새것이어서 아이의 슬픔이 더욱 진하게 다가온다. 변변한 옷도 없었을 아이의 비참함이 전해

진다. 추운 겨울날에 꽁꽁 손이 얼면서도 남의집살이에 온몸이 찢기고 갈 곳이 없는 아이는 우리 민족을 상징한다.

시인은 아이에게 시선을 주면서, 일본 사람의 노예로 험하고 궂은일에 내몰린 우리 민족을 표현한다. 화자는 여자애를 보면서 고생과 험한 일상사를 대변한다. 아이의 고생 때문에, 우리 민족에게 닥친 처절한 불행 때문에, 화자는 눈물을 흘린다. 백석 시인은 민족 공동체가 흩어지고 쫓기고 핍박당하는 현실에 마음 아파하고 있다. 시를 통해서, 시인은 우리 민족의 고통과 시련을 표현하고 있다. 시인은 아이와 같이 슬픔과 막막함을 느끼면서도, 아이에 대한 애정을 놓치지 않는다. 또 민족에 대한 애정을 뜨거운 눈물에 담아 노래한다.

〈驛역〉
한성기

푸른 불 시그낼이 꿈처럼 어리는
거기 조그마한 驛역이 있다

빈 待合室(대합실)에는
의지할 倚子(의자) 하나 없고
이따금
急行列車(급행열차)가 어지럽게 警笛(경적)을 울리며
지나간다

...

아득한 線路(선로) 위에

없는 듯 있는 듯

거기 조그마한 驛처럼 내가 있다[106]

이 시는 시인의 외로움을 역으로 표상하고 있다. 쓸쓸한 시골 역 풍
경을 소박하게 묘사하고 있다. 눈처럼 비처럼 시간은 흘러가고, 인생
처럼 아득한 선로에는 잊혀진 시골 역처럼 외로운 시인 자신이 서 있
다. 떠나감과 오는 것이 이루어지는 역의 의미처럼, 마치 인생도 흘러
가는 시간 속에서 만나고 또 떠나가 버린다.

시인은 건강 때문에 10년 내내 서울에 한 번도 다녀오지 못하고 시
골에 머물러 있었다. 시골길을 혼자서 걸으며 간간이 시를 생각했다고
한다.[107]

시골 역은 고즈넉하고 잔잔한 곳이다. 미미한 존재인 시골 역은 홀
로 떨어져 있으나 속되지 않은 조용함처럼 지켜주고 싶은 곳이다.

변변한 의자도 없다. 반복되는 세월의 흐름이 있었고 여전히 화자는
거기 서 있다. 있는 듯 없는 듯 눈에 띄지 않는 조그만 존재로. 도시의
번잡함과 다르게 시골 역은 시간이 천천히 간다. 눈처럼 비처럼 소리
없이.

---

106. 정한모·김용직, 《한국 현대시 요람》, 박영사, 1998
107. 위의 책, 해설

백석 시인은, 화자를 통해 소중한 우리 민족의 공동체의 따뜻함을 노래했다. 또 일본 제국주의 힘에 찢겨나간 공동체를 보며 안타까워했다. 한성기 시인은 인생을 조그만 역에 비유했다. 외롭고, 만나고 떠나가기를 반복하는 우리의 삶을. 시를 통해 우리는 시인의 정서와 만난다. 또 시를 통해 우리에게 말하고 싶은 인물을 만난다. 소설처럼 치열하고 격동이 일렁이는 참된 삶을.

백석은 나의 이상형이다. 흔히 이상형이라고 하면 연예인을 떠올리기 쉽지만, 나는 1980년대 시를 통해 이 우상과 만났다. 주변을 관찰하고 공감하고 표현을 위한 각고의 노력으로 주옥같은 시어를 쏟아낸 시인으로, 그를 정말로 사랑했다. 백석 시를 읽으면서 행복했으므로.

이창동 감독의 영화 〈시〉에서, 할머니 미자는 시 창작 수업을 들으면서 시와 만난다. 어느 날, 돌보고 있던 손자가 친구들과 잘못을 저지른다. 남학생들에게 피해를 당한 여학생은 자살했는데, 그 여학생의 엄마에게 줄 보상금을 구하면서 미자는 일이 잘 지나가기를 바란다. 다른 가해자 부모들처럼. 미자는 시를 쓰려고 노력하면서 숨어 있던 양심과 죄책감을 깨닫는다. 시를 만나면서 미자는 그 여학생의 아픔에 공감하고, 삶에서 어떤 것이 중요한지도 알게 된다. 미자가 공감했기에 생겨난 감정이다. 결국, 미자는 잘못을 저지르고도 깨닫지 못하는 손자를 형사와 함께 보낸다. 손자는 자기 때문에 죽음을 택한 소녀의 마음에 공감하지 못한다. 같이 행동한 친구와 그 부모들처럼. 아이들의 잘못을 보고 어른들이 어떻게 해야 하는지 미자는 보여준다. 영화의 마지막에 미자는, 손자 때문에 죽음을 택한 그 여학생에게 자신의 마음을 담아 시를 쓴다. 미자는 시를 통해 소녀와 대화한다.

앞으로 시대가 요구하는 인재의 요건은 창의성과 공감 능력이다.[108] 공감하지 못하는 사람은 다른 사람과 일하기 어렵다. 공감은 단번에 생겨나기 힘든 감성의 영역이다. 시를 따라가다 보면 감각이 옆에 와 있는 걸 느낀다. 잊고 지내던 추억도 떠오르고, 바빠서 팽개쳐버린 감성도 되살아나고, 어느새 시인과 공감한다. 시는 정서를 풍부하게 함과 동시에 공감 능력을 키워줄 수 있다. 시를 읽고 잃어버렸던 내 감정과 만나기를 권한다.

---

108. 김은희, 앞의 책

4장

실제 삶에서
배우는 삶

패션모델
와리스 디리[109]

　와리스 디리Waris Dirie(1965~)는 뉴욕의 패션계에서 세계적인 모델로 활동하고 있다. 그녀는 소말리아 사막 유목민의 아이로 태어났다. 아버지는 열네 살 와리스를 육십 먹은 영감의 신부로 팔았다. 낙타 다섯 마리를 받기로 하고. 사막에서 가축은 큰 재산이었기 때문에 그런 일이 많았다. 운명에 굴복하지 않은 와리스는 용기 내어 엄마에게 도망가고 싶다고 작은 소리로 말했다. 식구들이 잠든 사이에 엄마가 깨웠고, 물과 음식도 없이 소녀는 맨발로 사막의 검은 밤 속으로 걸어갔다. 소녀는 배고픔과 목마름, 두려움과 고통만이 있는 사막에서 아버지를 피해 계속 달렸다.

---

109. 와리스 디리, 《사막의 꽃》, 섬앤섬, 2005. 본 글은 이 책의 내용을 참고했고 인용문은 이 책에서 인용했다.

소녀는 트럭을 태워준 사람들의 괴롭힘, 친척의 속임과 배반을 견디고, 아주 먼 길을 지나 수도 모가디슈에 사는 아만 언니에게 간다. 하지만 언니의 형편이 어려워 오래 있지 못한다. 그녀는 숙모와 이모 집에서, 집안일을 하고 아기를 돌봤는데 희망이 보이지 않았다. 어린 와리스는 자기가 왜 가족을 떠나왔는지, 앞으로 어떻게 살아야 할지 계속 생각했다. 집안일을 하고 아이를 돌보는 것은 더 나은 삶이 아니었다.

아버지가 나를 노인과 결혼시키려고 했을 때 내가 집을 나온 것은 더 나은 삶이 있으리라고 생각했기 때문이다. … 엄마가 지어 준 내 이름은 신비로운 자연 현상에서 따 온 것이다. 와리스는 '사막의 꽃'이라는 뜻이다. 사막의 꽃은 그 어떤 생물도 살아남기 힘든 메마른 땅에서 피어난다. … 사막의 꽃은 붉은 빛이 도는 화사한 노랑이다.

이모 집에 머물 때, 런던 주재 소말리아 대사가 방문한다. 또 다른 이모인 마루임 이모의 남편이었다. 이모부가 가정부를 구한다는 말을 했을 때 어린 와리스는 자기가 가겠다고 필사적으로 이모부를 설득했고, 런던으로 가게 됐다.

런던의 이모 집에 머물던 4년 동안 그녀는 집안의 유일한 가정부였다. 1층부터 4층까지 청소하고 빨래와 온갖 잡일을 도맡았다. 사촌들과 다른 처지였던 와리스는 교육도 받지 못했다. 그녀는 혼자서 글을 익힌다. 이모 식구들은 고국으로 돌아갔지만 와리스는 남았다. 영어도 서툴고 할 줄 아는 게 없었지만 어떤 것도 소말리아로 돌아가는 것보다는 낫다고 생각했다. 합법적인 여권과 비자를 갖지 못한 그녀는 YMCA

에 머물면서 맥도널드에서 주방 보조로 일했다. 하루하루 힘들었지만, 자신이 원하는 삶을 살 때까지 일하면서 버텼다.

자신이 하고 싶은 일을 찾던 와리스는 모델이 되었다. 이모 집에 있을 때, 그녀를 유심히 지켜보던 유명한 사진작가 덕분이었다. 하지만 와리스는 모델을 계속할 수 없는 상황과 매번 마주했다. 와리스는 두 번의 위장 결혼으로 비자를 받았으나 남편들의 이기심 때문에 고생했다. 하지만 어떤 장애도 그녀의 의지를 꺾지는 못했다. 그녀는 〈보그 Vogue〉나 〈엘르 Elle〉 같은 패션 잡지에 얼굴이 실리고 〈선데이 타임즈〉 표지를 장식하는 최고의 모델이 됐다. 파리, 밀라노, 뉴욕, 런던의 런웨이를 누비며 활동을 했고 레블론과 로레알의 화장품 모델로도 알려졌다.

하지만 와리스는 자신이 여성 할례를 받은 것 때문에 평범하게 살지 못했다. 거기다 할례로 인한 생리통 때문에 한 달에 7일 이상 고통을 받았다.

소말리아에서는 여자의 다리 사이에 나쁜 것들이 있다고 믿는다. 여자들은 태어날 때부터 청결하지 않다고. … 그러나 할례 의식의 자세한 부분은 비밀로 남아있다. … 이러한 의식을 행하는 집시 여인은 소말리아 사회에서 매우 중요한 일원으로 꼽힌다. … 이 의식을 치르는 데 드는 돈은 가정에서 지출하는 돈 중 가장 많은 편에 속하지만 아깝다고 생각하는 사람은 없다.

아프리카 지역에서 행해지는 여성 할례는 그곳 남자들의 이기심에서 유래한다. 할례를 받지 않은 신부를 어떤 남자도 원하지 않는다. 할례를 받지 않은 여인은 음탕한 매춘부로 여겨져 누구의 아내도 되기 어렵다. 다섯 살에 와리스도 언니처럼 할례를 받았다. 와리스의 부모는 딸을 시집보내기 위해 달리 방법이 없었다.

엄마와 언니가 왔다. 두 사람은 나를 덤불 아래 그늘에 끌어다놓고 내가 머물 자리를 마련했다. 나무 밑에 특별히 작은 움막을 만들고는, 다 나을 때까지 몇 주일이고 쉬면서 기운을 차리게 하는 게 전통이었다.

아버지는, 할례 의식이 딸들에게 어떤 고통을 주는지 전혀 몰랐다. 아버지는 자신이 겪지 않는 고통에는 관심이 없었다. 다만 딸을 시집보내는 것에만 관심이 있었다. 할례의 고통을 모르는 아버지는 딸을 노인에게 시집보내려고 낙타 몇 마리와 바꿀 수 있는 사람이다. 아버지에게 딸이라는 존재는 재산을 가져다주는 소유물이었다.

와리스는 또 하나의 벽을 넘었다. 완전한 정상은 아니더라도 할례 받지 않은 여자와 비슷하게 되도록 수술을 했다. 소변을 편하게 볼 수도 있는 것도 기쁨이었다. 도저히 말로 설명할 수 없는 새로운 자유였다. 그리고 그녀는 용기를 냈다. 평생 안에 담아두고만 있던 비밀을 말하기로 했다. 할례의 문제는 그녀 혼자만의 것이 아니었으므로. 〈여성 할례의 비극〉이라는 제목의 인터뷰 기사가 〈마리 끌레르〉를 통해 전 세계에 알려졌다. 오랜 망설임 끝에 그녀는 1997년 자신의 아픈 과거를 고백하고, 여성 할례로 인한 고통을 겪고도 말하지 못하는 수백만 여성들을 대표하는 유엔 명예대사로 임명됐다. 그녀는 전 세계를 돌며 아프리카 여성의 인권을 호소하고 있다.

아직도 아프리카에선 매년 200만 명의 소녀가 야만적인 할례 의식 때문에 죽어갑니다. 저도 한 여성으로서 지울 수 없는 상처를 입었습니다. 여성이라는 이유만으로 갖은 학대에 시달리는 아프리카 여성을 도웁시다.

나는 할례모 언니를 거의 기억하지 못한다. … 갑자기 사라졌을 때는 무슨 일이 일어났는지 이해할 수가 없었다. 나중에 안 사실이지만 집시 여인이 할례를 했고, 언니는 출혈 과다로 죽었다. … 할례를 받은 이후 내게 생겼던 건강상의 문제들은, 나이와 상관없이, 전세계 수백만 명의 여자들을 괴롭힌다. 무지에서 비롯된 관습 때문에 아프리카 대부분의 여자들은 고통스러운 일생을 보낸다.

아프리카 북부에서 널리 행해지는 여성 할례는, 엄격한 가부장 사회에서 '가부장제 지킴이' 노릇을 하는 비굴한 여성들에 의해 더욱 야비하고 끈끈하게 보존되었다. 그래서 이집트와 케냐의 경우, 이 끔찍한 관습을 금하는 법률까지 공표했지만 수백 년간 지켜온 악습은 좀처럼 사라지지 않는다.

여태 아무도 말하지 않았던 이 끔찍하고 수치스런 아프리카 여성들의 비밀이 와리스의 입에서 흘러나오자 서구사회는 경악했다. 와리스의 고백을 시작으로, 지금 이 순간에도 수백만 명의 아프리카 소녀들에게 성인식이라는 이름으로 강요하는 할례를 저지하기 위한 인권운동이 전개되고 있다. 그런데 이 끔찍한 할례의식이 미국이나 유럽, 그 밖의 나라에서 여전히 행해지고 있다. 외국에 사는 아프리카 사람들이 비밀리에 집시 여인을 오게 해서 할례의식을 행하고 있다.

또 와리스는 열심히 일할 기회를 얻게 된 것에 늘 감사한다. 아프리카 사막에서 유목민으로 살았던 경험이 소박함도 소중하게 생각하는 마음을 주었다.

뉴욕에서 물 걱정하는 사람은 없다. 언제든지 필요하면 쓸 수 있다. 아무 것도 없던 우리는 매사에 감사했다. 오늘도, 나는 사소한 것들을 소중히 여긴다. 나는 호화로운 집을, 때로는 한 채도 아니고 여러 채 가지고 있는 사람들, 차, 보트, 보석을 가지고 있는 사람들을 매일 만난다. 그러나 그 사람들은 더 많을 걸 원한다. 나는 아무것도 원하지 않는다. 인생의 가장 가치 있는 재산은 인생 그 자체이다. 어린 시절을 소말리아에서 보내지 않았다면 소박한 삶의 방식을 즐기지 못했을 것 같다.

와리스가 지닌 소박함과 감사함을 배울 수 있다. 어려운 순간이 많았음에도 와리스는 자신에게 생명이 주어져 감사하다고 말한다. 그녀는 생명을 선물로 받아들인다. 때로는 잔잔하고 때로는 요동치던 그 수많은 강을 건널 힘과 용기를 주셔서 감사하다고.

노력과 열정으로 세계적인 슈퍼모델의 반열에 오른 와리스 디리는 자신이 겪은 파란만장한 삶의 여정에 대해 역시 유목민답게 결론을 내린다. "난 어디서도 내 삶을 즐거운 것으로 바꾸는 법을 배웠고, 언제라도 거길 떠날 수 있다. 삶은 움직이는 거니까."[110]

여기에 비슷한 사례가 있다. 오지 여행가 김남희는 파키스탄의 산간 마을에서 소녀들을 만난다. 이 마을 학교의 교장 선생님은, "이 산간 마을의 여자 아이들이 공부하고 싶어도 가난한데다, 여자는 공부할 필요가 없다는 사고를 가진 분들이 많아서 공부할 기회가 많이 없다"라는 얘기를 했다. 그래서 김남희는 한국의 친구들에게 편지를 썼다. 여기 아이들이 자유롭게 공부하고 꿈을 키울 기회를 제공하고 싶다며. 장학금을 만들고 싶으니 돈을 보내 달라고 했다. 친구들이 만원에서부터 100만 원까지 보내줬고, 400만 원 정도를 모아 '코리안 스칼라십'이라는 장학금을 만들었다. 장학금으로 이 마을 스무 명의 소녀들이 9년 동안 해마다 무료로 공부할 수 있게 됐다. 우리에겐 400만 원이 그리 큰돈이 아니지만, 저 친구들에게는 굉장히 큰 희망이 되었다고[111] 김남희는 말한다.

가난과 인습 때문에 공부를 포기할 뻔했던 소녀들이 장학금 덕분에 공부할 기회가 생겼다. 한 공동체 내에서, 어느 한쪽의 희생을 강요하는 인습을 고집하기보다는 같이 행복을 만들어가는 사회가 되었으면

110. 와리스 디리, 앞의 책
111. 김창남(엮음), 《너만의 브랜드를 가져라》, 미래를 소유한 사람들, 2008

한다. 전통이라는 가면을 쓴 인습을 몰아내고.

와리스는 이름처럼 강하고 용기를 지닌 사람이다. 집을 나오고 소말리아를 탈출해 모델이 되기까지 자신의 용기와 인내심, 노력으로 이루었다. 그리고 아무도 상상하지 못했던 여성 할례에 대해 고백함으로써, 할례의 고통에 시달리는 소녀들에게 전 세계가 관심을 가지도록 했다. 아직도 이 의식 때문에 고통 속에 있는 여성을 구하고 싶은 그녀의 의지 때문이었다. 그리고 그녀는 사소한 일에 감사할 줄 알며 소유보다는 인생 그 자체를 즐기는 행복을 선택한다.

패션디자이너
가브리엘 샤넬(코코 샤넬)[112]

몸이 약하고 천식이 심했던 가브리엘 샤넬(Gabrielle Chanel(1883∼1971))의 엄마는 기관지 합병증으로 숨을 거두었다. 자식에게 관심이 없었던 아버지는 세 딸 쥘리아, 가브리엘, 앙투와네트를 마리아 성심회가 운영하는 오바진 고아원에 맡겼다. 열두 살부터 샤넬은 자신이 버려졌다는 상처를 안고 살았다.

1902년 스무 살에 들어선 샤넬과 고모 아드리엔은 여성용품을 파는 상점에 취직한다. 둘은 귀부인들에게 상품을 팔고 기성복을 수선해주었는데, 솜씨가 좋아서 일감이 많았다. 그녀는 우연히 뮤직홀인 로통드에서 노래했는데 여가수들보다 인기가 있었다. 이때 샤넬이 〈코코가 트로카데로에서 누구를 만났기에〉라는 곡을 노래해서 '코코'라는 별명

---

112. 《코코 샤넬》, 앙리 지델, 작가정신, 2013. 내용은 이 책을 참고했고, 별도 주가 없는 인용문은 이 책에서 인용했다.

을 얻게 된다. 둘은 상점을 그만두고, 개인 고객들을 상대로 독립한다.

샤넬은 한때, 부자인 에티엔 발장의 저택에 머문다. 강인하고 자존심이 강한 샤넬은 열심히 노력해서 몇 달 안에 뛰어난 기수가 됐다. 경마장에 갈 때도, 단순한 디자인의 감색 옷을 입고 작은 밀짚모자를 썼는데, 이 디자인은 샤넬 혁명의 시작이었다. 그리고 이때부터 샤넬은 누구에게도 의지하지 않고 살기 위해 자신만의 일을 찾는다.

몇 년 전부터 생활하는 데 있어서 가장 중요한 미덕은 의지와 일이라고 생각하고 있던 그녀에게 그것은 과감히 맞서야 할 도전이었다. … 아무에게도 신세지지 않고, 누구에게도 의존하지 않는 것이 일생동안 그녀의 생활 신조였다.

1909년 샤넬은 모자 디자이너로 파리에 상점을 연다. 당시 유행하던 장식이 요란한 모자와 다르게 디자인했기 때문에 여성들이 몰려왔다. 그녀는 자신의 디자인에 확신이 있었다. 고아원 시절 방학에 루이즈 고모와 지냈는데, 고모는 기성품 모자 대신 직접 재단하고 장식한 독창적인 모자를 만들었다. 고모의 그 독창성이 뒷날 샤넬에게 영향을 주었다.

모자에 이어 샤넬은 드레스의 길이를 과감하게 줄였다. 당시 여성복의 특징인 화려한 옷감, 자수, 레이스, 매듭, 장식, 얇은 베일, 술과 장신구 등을 과감하게 없앴다. 그녀는 신체의 곡선을 강조하지 않으면서 코르셋을 착용할 필요 없는, 짧은 스커트를 만들었다.

또 샤넬은 남성의 속옷용으로 쓰이던 편물의 일종인 저지jersey로 의상을 제작하는 실험정신을 보여주었다. 카펠^{Arthur Capel}[113]의 도움으로, 그녀는 독립에 성공한다. 그녀가 만든 낙낙한 옷들은 여성의 자유를 의미했다. 전쟁에 동원된 남편 대신 일하는 여성들, 여자 운동선수들에게 이 간편한 옷은 유용했다. 저지를 이용해 단순하고 실용적인 디자인으로 우아함을 만들어낸 샤넬의 탁월한 디자인 감각은 높이 평가받았다.[114]

1918년부터 샤넬은 고급 의상 디자이너로서 성공한다. 그녀가, 자신의 패션에는 짧은 머리가 어울린다고 말한 뒤로 프랑스에서는 짧은 머리가 유행하기도 했다.

향수에 관심을 있던 샤넬은 1921년, 익숙한 꽃들의 향기와는 다른 여러 개의 혼합 향료를 바탕으로 만든 혁신적인 5번 향수를 선보였다. 단순함과 정확함을 좋아하는 그녀가 선택한 평행 육면체의 유리병은 혁신적인 것이었다. 이렇게 선보인 '샤넬 No.5 향수'는 세계적으로 성공을 거둔다.

샤넬 디자인의 단순미와 기능성의 정점은 1926년 발표한 '리틀 블랙 드레스^{little black dress}'다. 샤넬은 남성복에 사용했던 검은색의 우아한 아름다움을 최고급 여성복에 도입하는 획기적인 시도를 했다. 샤넬의 이 디자인은 복제가 쉬워 미국에서 유행했다. 그녀는 이것을 자신 디자인

---

113. 폴로 챔피언인 카펠은, 에티엔 발장과 달리 교양을 갖추고 많은 책을 섭렵한 인텔리었다. 샤넬은 평생 카펠이 가장 고마운 사람이라고 말했다. 그는 샤넬를 도와주기 위해 전문가도 붙여주면서 교양에 필요한 것을 가르쳐 주라고 당부하기도 했다. 카펠은, 샤넬이 그녀 자신을 믿고 신분에 얽매인 모든 사슬을 끊고 성공하기를 바랐다.

114. 이예영(패션 디자이너), "코코" 샤넬(Gabrielle "Coco" Chanel) 기존 질서의 전복을 꾀한 디자이너, 네이버 지식백과

의 가치를 인정받은 것으로 받아들였다. 디자인 복제는 샤넬 디자인을 홍보했으며, 오리지널 샤넬 상품의 희소성을 높여주었다.

샤넬은 1920년대 중반 영국의 공작 웨스트민스터를 알게 됐으며, 같이 경험한 승마, 사냥, 낚시 같은 스포츠는 활동적인 의상을 만들게 했다. 짜임새가 고르지 않고 거칠거칠한 트위드 모직은 대단히 질겼는데, 샤넬은 저지를 이용했던 12년 전처럼 그 직물을 고급 의상에 최초로 사용했다. 편하고 실용적인 이 소재도 인기가 있었다.

샤넬의 의상이 인기를 끌 수 있었던 또 다른 이유는, 사교계의 중심에 있던 그녀 스스로가 현대적인 여성 모델로서 자기의 디자인을 홍보한 거다. 샤넬은 직업여성으로 상당한 명성과 부를 축적했고 상류층, 예술가들과 교류하면서 사회적 선망의 대상이 됐다. 샤넬은 항상 자신이 디자인한 의상과 액세서리를 착용한 모습으로 매체와 대중 앞에 섰고, 이는 샤넬 상품을 홍보했으며 수요를 창출했다.

샤넬은 1939년 제2차 세계대전 때문에, 파리 '메종 샤넬'의 문을 닫는다. 그녀는 세계에서 팔리는 모든 샤넬 향수 총수입의 2%를 받기로 향수 회사와 계약한다. 그러고는 여태까지와 달리 아무 일도 하지 않는다. 하지만, 샤넬은 1953년 71살의 나이에 14년 전 문을 닫았던 '메종 샤넬'을 다시 열기로 한다. 모든 사람이 은퇴하는 황혼기에 그녀는 도전장을 낸다. 결정을 내린 샤넬은, 발표회 전에 복제를 허용하는 대가로 미국의 기성복 제조업자에게 특허권 사용료를 받기로 합의한다.

발표회를 앞두고 샤넬은 기자에게 말했다. 그녀는 일하는 여성인 자신에 대해 누구보다 잘 알고 있었다.

"왜 다시 일을 시작하느냐고요? 쉬는 게 지겹다는 것을 깨닫는 데 15년이 걸린 거죠. 이제는 허무에 빠져 있기보다는 차라리 실패하는 편이 낫거든요."

첫 번째 발표회에서 참패했으나 샤넬은 끝까지 냉정함을 유지한다. 그녀는 곧바로 다시 일을 시작한다. 〈보그〉의 기자인 베티나 발라드는, 샤넬의 옷에 매료되어 맨해튼의 작품 전시회에 입고 갔다. 감색 저지 투피스에 검정 새틴 매듭단추가 달린 흰색 블라우스를 받쳐 입었다. 그것은 전시회에 온 사람들에게 새로운 의상이었고 베티나는 여성의 미와 편리함을 위해 옷을 만드는 사람이 샤넬이라고 설명했다. 또 샤넬의 단순한 디자인은 복제가 쉬워 대중적으로 보급할 수 있다고 강조했다. 이미 미국의 기성복 제조업자에게 복제 권리를 준 샤넬은 여기서 진정한 승리를 거둔다.

1954년, 그녀는 자신의 모든 회사를 향수 회사에 팔고 향수에 대한 특허권 2%만 받기로 한다. 그 후 자신은 샤넬 회사의 디자이너로서 옷 만드는 작업에만 몰두한다. 샤넬은 투피스를 다양한 형태로 변형하고, 헐렁하면서 편한 옷, 아무 때나 입을 수 있는 바지도 구상했다. 그녀는 디자인과 색상을 선택할 때 티베트나 중국 예술에서도 도움을 얻었다. 전쟁 전부터 인조 보석 장신구가 옷의 분위기를 살린다고 생각했던 샤넬은 십자형 메달이나 브로치, 여섯 줄짜리 진주목걸이 등을 '샤넬 룩'의 중요한 일부로 만들었다. 그녀는 건강이 좋지 않는데도 작품 발표회를 위해, 하루 9~10시간 동안 꼬박 서서 일했다. 샤넬은 1971년 사회사업 재단인 코카COCA 재단[115]에 전 재산을 맡기고 죽음을 맞이한다.

샤넬은 자신이 창조한 패션을 스스로 완벽하게 소화해 내며 당당하게 새로운 여성상을 제시했다. 그녀는 20세기의 가장 대표적인 디자이너로 손꼽힌다. 그녀의 디자인 철학은 실용성과 단순함이지만, 오늘날 샤넬의 의상은 최고의 가격을 지불해야 하는 의상이다.[116]

아직도 '여성은 시집 잘 가는 게 성공하는 거며, 자기 딸도 시집을 잘 보내기 위해 학벌과 미모가 필요하다'고 말하는 엄마들을 가끔 만난다. 몇십 년 전, 여성의 대학 간판이 결혼의 조건이 된 적은 있었다. 하지만 지금은 달라졌다고 보는데. 또 결혼할 상대의 조건이 선하고 바른 성품이 아니라 그가 지닌 직장, 재산, 가문인 것에도 물음표가 붙을 만하다. 가까운 내 주변의 사람이 성실하고 남을 배려하며 올바른 가치관을 갖고 살기를 우리는 바라지 않던가? 하물며 그가 내게 가장 가까운 남편이나 부인일 때는 더 말할 필요가 없을 것이다.

경제적으로, 심리적으로 남에게 의지하지 않고 독립하는 것이 진정한 독립이 아니던가? 그 사람이 남자든 여자든, 결혼하든 안 하든. 남편이 될 사람이 아무리 가깝고 뭐든지 다 해줄 수 있는 사람이라도 남에게 의지하는 삶은 당당하지 못할 것 같다.

---

115. 샤넬이 조카나 늙은 하인들, 종업원들, 가난한 친구들과 예술가들을 후원해주며 고통에 빠진 사람들을 구제하는 것을 목적으로 만든 재단
116. 이재진, 《패션과 명품 : 살림지식총서 145》, 살림출판사, 2004

샤넬은 고아원에서 비참하게 자라고 돈도 없었지만, 의지와 용기로 여태까지 없던 형태의 옷을 만들고 사업을 키워나갔다. 100년 전부터 이미 자신의 의상 브랜드로 인정을 받았으며 도움이 필요한 지인이나 예술가에게 경제적으로 도움을 주었다. 그녀가 살아있다면 말할 것이다. "우리에겐 일이 필요하며 당당하게 자신의 안목과 확신에 따라 계속 가라"고!

샤넬은, 여성도 야망을 지닐 수 있으며, 전문적인 직업으로 당당하게 경제적 활동을 해나갈 수 있음을 1920년대부터 보여주었다. 샤넬은 끊임없이 변하는 시대의 상황에 패션을 맞추는 재능을 가지고 있었다. 샤넬의 진정한 힘은 자신의 판단이 옳다고 믿는 확신에 있었다. 남들과는 다른 눈으로 세상을 보고 자기가 확신한 것은 밀고 나가는 신념이 그녀가 보여준 당당함의 원천이었다.

작가
브라이언 트레이시[117]

　브라이언 트레이시Brian Tracy와 친구 제프는 아프리카에 가기로 한다. 둘은 스무 살이었다. 절친한 친구 밥 맥도널드도 계획에 참여했다. 셋은 정보를 정리하고, 보건소를 방문해 천연두, 파상풍, 콜레라, 티푸스, 흑수열 등 풍토병에 대비했다. 산업체 응급처치 강좌도 수강했다.

　처음에는 상당한 액수처럼 여겨졌지만, 일단 길을 떠나고 나자 생각처럼 큰돈이 아니었다. 어떤 일이나 당신이 생각한 것보다 2배의 비용이 들고, 3배의 시간이 걸린다. 어떤 형태로든 새로운 일을 시작할 때도 마찬가지다. 내가 여행을 통해 깨달은 절대적인 진리다.
　… 우리 삶에서 보장된 것은 없다. … 크든 작든 성공한 사람은 굳은

117. 브라이언 트레이시, 《내 인생을 바꾼 스무살 여행》, 작가정신, 2002. 글의 내용은 이 책을 참고했으며, 각주가 없는 인용은 이 책에서 인용했다.

믿음을 바탕으로 암흑 속에서도 미지의 세계로 뛰어드는 용기에서 출발한다.

셋은 낡은 차를 타고 동쪽으로 향했다. 1년을 준비한 여행이었다. 몬트리올에 도착해 영국으로 가려 했지만 불가능했다. 브라이언은 일하면서 봄에 출발하기로 하고, 제프와 밥은 저축한 돈을 나눠 가지고 영국으로 갔다. 브라이언은 건설현장에서 일했다. 무거운 자재를 옮기는 중노동이었다. 공부는 뒷전으로 하고, 조그만 호텔에서 접시닦이를 하고 빈둥대면서 고등학교도 제대로 졸업하지 못했던 그였다. 학력도 기술도 없었으며, 직업도 없었다.

운명의 그날 밤! … 내가 그때까지 이루었던 모든 것은 전적으로 내 책임이었다. 그 누구도 나를 대신해서 해줄 수 없는 것이었다! 내가 내 인생을 책임지지 못한다면 어떤 변화를 기대할 수 있겠는가? … 철저하게 변하지 않는다면, … 한 푼의 돈에 쩔쩔매면서 돈걱정의 노예가 되어야 할 운명.

브라이언은 다짐했다. 미래는 과거와 전혀 다를 것이라고. 삶의 목표들을 쓰면서 나태해지지 않겠다고 결심했다. 그날 밤이 브라이언 삶의 전환점이었다. 다음 날부터 그는 프랑스어를 공부하고, 1주일에 세 번씩 태권도 교습을 받았다. 그리고 분야를 가리지 않고 닥치는 대로 책을 읽었다. 평생학습이 시작된 것이다.

2월 말, 브라이언은 노르웨이 화물선 주방에서 일하면서 영국으로 간다. 셋은 런던에서 요하네스버그까지 자전거를 이용하기로 한다. 비용 때문이었다. 생각에는, 가지 못할 곳이 없었고 해내지 못할 일이 없었다. 지름길로 가도 런던에서 지브롤터까지의 거리는 2500km였다. 그들은 하루 평균 130km를 달리기로 한다. 온몸이 욱신거리고 한기가 몰려오고 배고픔을 견디기 어려웠지만, 하루에 약속된 거리를 주파하면서 여행을 계속했다. 바람과 추위로 지독한 고통을 겪은 그 시간은 그들 삶에서 최악의 시기이기도 했지만, 최고의 날들이기도 했다.

삶에는 주기가 있고 부침이 있는 법이며, 좋은 일이 있은 다음에는 나쁜 일이 생기고, 전진과 후퇴가 반복되게 마련이다. 그러나 언제나 똑같은 식으로 되풀이되지 않는다. 두 걸음 전진하면 한 걸음을 물러서고 때로는 다시 한 걸음을 물러서야 한다. 그래서 미래를 예측하는 최선의 방법은 미래를 만들어가는 것이다.

7개월 동안 셋은 자동차로, 걸어서, 자전거로, 기차로 엄청난 거리를 지나왔다. 그곳에서 고향까지는 비행기로 고작 이틀 거리였다. 시간이 걸려도 추억이나 경험은 사기 어려운 소중한 보물이다. 아프리카가 보이는 지브롤터.

지브롤터 절벽에서 본 대륙의 끝. 나도 그 끝에 섰던 적이 있다. 아주 작은 영국령인 지브롤터는 스페인과 아프리카를 오가는 길목에 있었다. 거리라도 스페인과 영국의 국경을 지나는 곳이기에 사람도 많고 복잡했다. 유럽과 아프리카 대륙이 마주 보고 있는 곳, 스페인과 모로코가 서로 보고 있는 곳 사이의 지브롤터 절벽은 '난공불락의 요새'라는 말이 어울리게 높이 솟아 대단한 위용을 자랑하고 있었다.

셋은 자전거를 처분하고 랜드로버를 구입한다. 제프가 친지에게 돈을 빌려, 식량을 사고 장비를 챙겨 모로코 탕헤르 선착장에 도착했다. 랜드로버는 라디에이터 고장으로 수리가 필요했는데 그들은 모로코 사람들이 사기를 치면 어쩌나 걱정을 했다. 하지만 아랍인들은 정직하고 따뜻한 사람이었고 고마운 사람들이었다.

비포장도로에서 길을 잃었는데, 타이어가 펑크 났다. 한밤중이어서 방법이 없었다. 그때 갑자기 버스가 나타났다. 버스 기사가 연장 상자를 빌려주면서 승객들에게 그들의 사정을 말하자 승객들도 웃음으로 답했다. 기사와 조수가 타이어를 떼내고 교환해주었다. 시간이 오래 걸려도 승객들은 불평하지 않고 기다려주었다.

일행은 밤새 아틀란티스 산맥을 넘어 사하라 사막 북단에 도착했다. 빈약한 식사와 거센 바람, 뜨거운 태양열이 친구 밥을 쓰러뜨렸다. 길이 사라지고 구릉을 넘는데 차가 둑에 충돌했다. 차를 올리고 모래땅에서 잠을 자고 알제리로 들어갔다. 여기서 밥이 여행을 포기한다. 나머지 둘은 사막에서 모래 폭풍을 만나고, 타이어는 계속 펑크가 난다. 시원한 산악 지대에서 온 그들에게 태양은 적이었고 현실이었다. 그래도 목표한 바를 이루기 위해 그들은 흔들리지 않는다. 사막을 횡단하기에 돈이 부족했기 때문에 제프가 돈을 구하기 위해 떠나고, 이질로 시달리던 브라이언은 차를 수리하고 여행준비를 한다.

뜨거운 열기를 뚫고 무작정 달리기만 하면 충분할 것이라고 생각했던 여행이 실제로는 무척 힘들고 복잡했다. 본격적인 사막에 들어서면

1300㎞ 내에 주유소와 정비소가 없으니 여러 개의 예비 타이어와 부품, 충분한 연료가 필요하다는 충고를 들었다. 브라이언은 버려진 트럭에서 연료통을 떼서 랜드로버에 고정하고 연료를 확보한다. 한참 후에 제프가 돌아왔다. 제프는 8번이나 차를 갈아타고 가서 전보를 치고, 길거리와 창고에서 잠을 잔 후 돈을 구해 왔다. 뜨거운 태양에 시들어 버린 덤불만이 간혹 보일 뿐 그들 앞에는 끝없이 모래만 계속되는 황량한 땅이 펼쳐져 있었다. 실제로 사하라 사막에 섰을 때, 브라이언은 죽음의 얼굴을 들여다보는 기분이었다.

둘은 아드라르에 도착해 독일인 친구들을 만난다. 그들도 숱한 고난을 겪었기에 생사를 초월한 우정이 시작되었다. 일행이 된 일곱 명은 차를 점검하고 사막 한가운데로 출발했다. 19세기 말 사하라가 프랑스의 영토가 된 이후에는 사하라 남쪽까지 사막을 왕래하는 교통이 있었다. 두 중계역은 여행자들이 잠깐 쉬면서 자동차를 수리하고 연료와 물을 보충하도록 프랑스 외인부대가 건설한 것이었다. 프랑스가 사하라에서 물러나자 알제리는 사막에서의 사고를 여행자의 몫으로 넘겼다.
  예상보다 길이 험했다. 50년간 운송 도구가 낸 길을 7년이나 방치한 탓인지 곳곳에 웅덩이가 어지럽게 나 있었다. 5시간 동안 차는 모래 늪에 계속 파묻혔고 그들은 비명을 지르면서 모래를 퍼내고 차를 끌어냈다. 모로코에서 시작된 불모의 땅은 남쪽으로 향할수록 더욱 불모지로 변해갔다. 사방으로 끝없이 평탄하게 노란 모래의 세계였다. 하늘과 노란 모래 사이에, 생명체라고는 없는 진공의 세계. 새파란 하늘이 노란 모래와 맞닿은 땅, 그들은 그 땅의 중심에 있었다. 화염에 싸인 듯

한 모습으로 조금씩 하늘을 향해 올라가는 황금빛 태양만이 죽음의 땅에 주어진 유일한 자연의 선물이었다. 절대적인 무無만이 존재하는 땅이었다.

낮에는 50도에 가까워 숨을 쉬고 물을 마시는 데만 힘을 쓴다. 오후 4시 수은주가 내려가면 다시 달린다. 두 번째 중계역에 도착했지만 우물은 함몰되었고 죽음과도 같은 적막만이 있었다. 다시 달리는 도중에 차 한 대가 멈췄으므로, 작은 랜드로버에 일곱 사람이 탔다. 보르지-페레스에 도착해 수도관을 발견했으나, 알제리 병사들이 물까지의 접근을 불허했다. 그곳에서는 차를 수리할 수 없어 랜드로버에 세 명이 타고 나머지 일행은 30대의 트럭이 함께 오는 콘보이의 도움을 받기로 한다.

보르지-페레스에서 말리로 가려면 비자가 필요한데, 1인당 40달러의 비용이 든다. 더구나 거기서부터는 길이 엉망이었다. 돈이 부족한 브라이언과 제프는, 비자 없이 세 개의 관문을 통과하고 사하라 사막을 종단했다. 다음은 사하라를 종단한 후, 브라이언이 얻은 교훈이다.

사하라 사막의 종단이 내 삶을 완전히 바꿔놓은 이유는 간단하다. 사하라를 종단한 이후, 내가 못 해낼 것이 없다는 자신감을 얻었기 때문이다. 내 삶이 성공하도록 프로그래밍 되었다는 확신이 생겼다. 물론 그 이후로도 수많은 역경을 이겨냈지만 말이다. 누구에게나 건너야 할 사하라 사막이 있다! … 용기와 결단력으로 그런 시련을 이겨낸다면 당신은 밤하늘에 반짝이는 별을 향해 한 걸음씩 성장해나갈 수 있을 것이다.

또 브라이언과 제프는 사하라 여행 도중 인간이 가진 선한 영향력을 본다. 둘은 모로코로 가는 배에서 두 명의 영국인 여성을 만났다. 둘은 여름 동안 맹인 고아들을 돌보기 위해 모로코로 가고 있었다. 근데, 아가디르를 벗어난 곳에서 그 여성들을 다시 만난다. 차를 마시기 위해 그들은 고아원으로 간다. 그곳에 맹인 고아들이 있었다.

그곳 사람들은 앞을 보지 못하는 것이, 알라가 가족에게 내린 저주라고 생각한다. 때문에, 다섯 살이 될 때까지 눈을 뜨지 못하면 아이를 없앤다. 그것이 저주에서 벗어나는 유일한 방법이라고 생각한다. 사람들은 '아이를 돌봐주는 고아원이 신의 뜻을 거역하고 있다'고 믿기 때문에 그곳에 아이를 데려오지 않는다.

어린 프레디는 거의 죽을 때까지 맞은 다음 들개에게 던져졌다. 프레디가 죽기 직전에, 그의 할머니가 몰래 고아원으로 데리고 왔다. 고아원의 누구도 프레디가 살아나리라곤 생각할 수 없을 만큼 상태가 안좋았지만 아이는 멋지게 살아났다. 그들 앞에 왔을 때, 앞을 못 보는 프레디는 목소리에 반응을 보이면서 손짓을 했다. 얼굴에 상처가 많고 팔은 깁스를 했지만 조금씩 좋아지고 있었다. 상처와 흐릿한 시선에도 불구하고 아이는 행복한 얼굴을 하고 있었다. 브라이언과 제프는, 두 명의 영국인에게 "훌륭한 깨달음의 시간을 주어 고맙다고, 보람 있는 여름이 되기를 바란다"고 말한다. 그곳에서 벗어나면서 브라이언은 생각했다.

이 땅에서 수많은 선행이 행해지고 있지만 그런 선행들이 외부로 알려지기는커녕 보상받지도 못한다. 어쩌면 이 세계를 이끌어가는 진정한 영웅은 아무런 사심도 없이 다른 사람을 위해 봉사하는 보통 사람일지도 모른다.

스무 살에 사하라 사막을 건너는 무모한 도전이 아니라도 우리에겐 다양한 체험이 필요하다. 체험은 힘듦을 극복하는 마음의 체력 길러주고, 참고 이겨냈을 때 자긍심도 얻을 수 있다. 브라이언은 말한다. "예전에는 이뤄낼 수 없었던 무엇인가를 성취하기 위해서, 당신도 예전과 다른 사람이 되어야만 한다." 괴테가 말했듯이, 더 많은 것을 갖기 위해서는 우선 더 나은 사람이 되어야만 한다!

브라이언은 사막 여행을 시작하면서, 빈둥거리며 살았던 여태까지 삶을 돌아본다. 가진 기술이 없고 학력도 모자라며 직업도 변변치 않은 자신을 깨닫고, 삶의 목표부터 다시 쓴다. 그리고 나태하지 않게 살 것을 결심하고, 당장 어학 공부를 시작하고, 운동도 하고, 책을 읽으면서 지혜를 기른다. 그는 사하라 사막을 횡단하면서 수많은 역경을 이겨낸다. 여기서 자신감을 얻고 삶의 성장을 위해 노력한다.

우리는 미래에 펼쳐질 것들을 알지 못한다. '사하라 사막' 같은 끝없는 절망이 계속 되기도 한다. 하지만, 문제가 생기면 해결하고 어려움이 있으면 넘고, 참기 힘들 때는 쉬어간다. 주저앉아 다 포기하고 싶어도 참는다. 이겨내지 않으면, 여기까지 버텨온 시간도 무너진다. 포기로 인해 내가 나를 온몸으로 부정하기도 싫다. 그렇게 한고비를 넘기면 잠깐 기쁨의 때가 오기도 한다. 하지만 올라가면 내려갈 때가 있듯, 인생의 시간도 굴곡이 주어진다. 우리는 그 굴곡을 바람처럼 맞으면서 앞으로 나아가는 것이다. 특별하거나 평범한 경험. 깊이 생각하는 능력을 지녔다면 조금은 지혜롭게 삶의 오르막과 내리막을 지나갈 수 있다.

화가
이중섭

화가 이중섭(1916~1956)은, 1916년 평양 근처 평원군에서 태어났다. 위로 열두 살 터울의 형, 여섯 살 많은 누나가 있었다. 1918년 아버지는 슬프디 슬픈 색색의 만장과 함께 가족들 곁을 떠났다. 평양의 종로공립보통학교에 다닌 중섭은 체육과 음악, 미술에 소질을 드러냈다. 이때 고구려 고분을 포함한 명승고적을 관람하고 유물의 모형을 진흙으로 만들기도 했다. 평양은 고대의 신화와 전설을 지닌 천년왕국의 수도였다. 그는 어릴 적 평양의 대동강 건너에 있던 '낙랑고분'에 들어가 살다시피 했다.

고구려 고분벽화와의 만남은 이중섭 예술을 결정짓는다. 강서대묘, 강서중묘, 수렵총, 감신총, 성총, 용강대묘, 연화총, 쌍영총 등 벽화가 가득 찬 평양부립박물관의 고구려실은 이중섭 예술혼의 원천이었다. 화가이자 비평가인 정규는 '이중섭의 감성과 작품 의욕의 원천은 고구려 고분벽화와 불상에서 기인하는 것'이라고 말했다.[118]

후에 월남한 중섭이 경주 석굴암을 보았다. 그리고 말했다. 고향에 가고 싶다고, 통일이 되면……. 석굴암을 보며 중섭은 고구려 고분벽화를 생각했다.

중섭은 고구려 무덤에 들어가 놀던 어린 시절을 떠올렸습니다.

"난 어릴 때, 거기서 그대로 누워서 잠들고 싶었던 적이 있었어. 그곳에 가면 마술적인 힘을 얻곤 했지. 내 비밀 하나 가르쳐줄까? 내 그림의 소 꼬랑지 선이 어디서 생긴지 알아? 그건 고향에 있는 고분 벽화에서 얻은 거야. 사실은 내가 일본에 가도 오래 있지 않지. 그 벽화가 나를 어디로 못 가게 하거든."[119]

1930년부터 다닌 오산고등보통학교에서 그의 또 다른 예술관의 바탕이 형성된다. 미국 시카고와 예일대에서 미술을 전공한 임용련 선생은 이중섭의 생애와 예술에 영향을 주었다. "중섭은 일제의 국어 말살 정책에 반발하여 한글 자모로 회화적 구성을 많이 그렸으며 죽을 때까지 자신의 작품에 한글 이름을 풀어쓰기로 서명했다"[120]고 조카 이영진은 전한다. 또 그는 평생토록 '소'를 소재로 삼아 그림을 그렸다. 중섭은 소의 아름다운 두 눈에서 삶의 외롭고 슬픈 것을 보았으며 소의 높

---

118. 최열, 《이중섭 평전》, 돌베개, 2014. 본 글의 내용은 이 저서를 참고했다.
119. 강원희, 《천재화가 이중섭과 아이들》, 예림당, 1999
120. 이영진, 《대향 이중섭》, 한국문학사, 1979. 앞의 책, 최열의 저서에서 재인용. '대향'은 중섭의 어릴 적 이름이다.

고 참된 숨결로 우리의 가슴을 환히 비춰줄 것을 희망했다.

1932년 가족들이 원산으로 이주하고, 중섭은 1936년 오산학교를 졸업하고 도쿄로 간다. 그는 제국미술학교를 거쳐 문화학원에 입학한다. 중섭은 피카소나 루오를 좋아했으나 그들을 흉내내지 않았다. 그는 고구려벽화에서 느껴지는 힘찬 선을 그림에 되살렸다. 이런 그의 작품을 칭찬한 사람은 파리에서 온 츠다 교수였다. 교수는 조선의 고미술에 깊은 애정과 관심이 있었는데, "조선의 고미술은 일본이 당해낼 수 없지."[121]라고 말하며 중섭의 그림을 보고 한 장 한 장이 훌륭한 벽화가 될 만하다고 찬사를 아끼지 않았다. 중섭이 1942년 제6회 자유미술가협회전에 〈서묘西廟〉라는 작품을 출품했는데, 고구려의 '강서대묘'를 소재로 삼은 것이었다. 중섭은 이렇게 고구려 이래로 내려오던 조선 미술이 지닌 강건한 전통을 표현하고자 했다.

중섭은 1943년 귀국한다. 당시 징병제가 시작되어 조선은 일제의 핍박 때문에 무겁고 삭막했지만, 그는 그림에 몰두한다. 1945년 도쿄 문화학원 학생이던 야마모토 마사코가 원산으로 찾아와 5월에 결혼한다. 해방과 함께 평양에서 열린 해방기념종합전람회에, 중섭은 〈하얀 별을 안고 가는 어린아이〉를 출품했다. 당시 소련인 비평가의 말이 작품을 설명한다.

---

121. 강원희, 앞의 책

이 그림은 세잔, 브라크, 마티스, 피카소의 수준에 있는 그림이요. 이 그림을 비평할 수 없소. 이 색감, 이 구도, 이 기교는 따라갈 화가가 없는 것 같소. 견고한 예술가의 작품이오.[122]

또 해방기념종합전람회와 관련해 김광림은 "이때(1946년) 미술전람회 참관 차 모스크바에서 온 소련의 미술평론가 나탈(?) 여사는 중섭의 작품을 보고 근대 유럽의 어떤 대가들에 비해 조금도 손색없는 작가라고 평했다"[123]고 전한다.

근대 유럽의 유명한 화가들에 비해 손색없는 작품으로 자신의 예술적 열정을 불태운 중섭의 그림은 당시나 지금이나 최고의 화가로서 그를 평가하게 한다. 중섭은 이리저리 다니면서 세상과 만났다. 틈만 나면 살아있는 선을 찾기 위해 겨울에는 앙상한 나뭇가지와 새, 소의 표정들을 열심히 관찰하고 매만지고, 그리고 또 그리고, 지우고 또 지우고 다시 그리는 작업을 반복했다. 그의 벗들은 원산에 있던 중섭의 화실에서 수십 권의 스케치북을 보았다고 전한다.

1950년 6·25 전쟁으로 이중섭은 가족들과 월남한다. 부산의 피난민 수용소에 머물다가 제주도 서귀포를 간다. 세를 얻었는데 한 평도 안 되는 쪽방이었다. 중섭에게 서귀포는 예술의 새로운 소재와 주제를 주었다. 집주인은 이중섭이 집과 담 사이 한 팔을 벌릴 만한 공간에서 그

---

122. 최열. 앞의 책
123. 위의 책

림을 그렸다고 전했다. 이 시기의 작품 경향은 크게 두 가지로 분류된다. 하나는 '동자상童子像'을 그린 인물화고, 또 하나는 '환상적인 풍경화'다.

1951년 12월 이중섭은 부산으로 간다. 그는 미군 부대에서 부두 노동 품을 팔았다.

다음 해 아내와 두 아들은 일본으로 송환된다. 가족을 그리워하던 그는 한 주에도 몇 번씩 일본으로 편지를 썼다. 이중섭은 버티는 삶을 살았고, 예술과 가족이 유일한 희망이었다. 그와 교우하던 친구들은 가족에 대한 이중섭의 그리움을 본다.

〈내가 만난 李仲燮(이중섭)〉
김춘수

光復洞(광복동)에서 만난 李仲燮은
머리에 바다를 이고 있었다.
東京(동경)에서 아내가 온다고
바다보다도 진한 색깔 속으로
사라지고 있었다.
눈을 씻고 보아도
길 위헤
발자욱이 보이지 않았다.

한참 뒤에 나는 또

南浦洞(남포동) 어느 찻집에서

李仲燮을 보았다. … [124]

1954년 이중섭은 상경해, 6월에 열릴 대한미술협회 전람회에 출품한다. 전람회 첫날 미국공보원장 슈바커는 이중섭의 작품을 사겠다고 하면서 뉴욕에서도 그림을 전시하라고 권유한다. 〈닭1〉은 빼어난 작품으로 평가를 받는데, 닭의 모습을 그렸다기보다 고구려 고분벽화 가운데 평양 강서중묘의 〈주작도朱雀圖〉를 연상하게 한다. 1955년 미도파 화랑 이중섭 작품전에 출품된 〈흰소1〉[125]과 〈황소(통영 붉은 소)〉[126]는 그의 작품 중에서도 절정의 걸작으로 평가받는다.

하지만 그림값을 받는 일에 실패하고, 이어서 열린 대구의 전시회에서도 찬사와는 달리 경제적인 보상은 받지 못한다. 이중섭은 일본의 가족과 만날 수 있을 거라는 희망이 사라지자 거식증으로 고통받았다. 사촌 이광석과 친구들의 보살핌으로 건강을 되찾기도 했지만, 1956년 9월 병실에서 홀로 숨을 거두었다.

중섭은 판잣집 골방에서 시루의 콩나물처럼 끼여 살면서도 그림

---

124. 《김춘수 전집》, 김춘수, 문장사, 1983

125. 전시회에 들어선 홍익대 강사 이경성은, 한눈에 이 작품을 알아보고 극찬하면서 홍대박물관에 이를 소장하고자 주선했다. 〈흰소1〉은 홍익대학교 박물관 최고의 작품은 물론, 20세기 미술사상 희귀한 걸작이 되었고 이경성의 안목은 경이로운 것이 되었다. 최열, 앞의 책

126. 평안남도 출신으로, 같은 고향 출신 사람을 도와준다는 의미에서 그림을 구입한 박태헌 씨가 소장했다. 작품이 2010년 '서울옥션'에 출품됐고 추정 가격은 35억 원에서 45억 원이었다. 위의 책

을 그렸고, 부두에서 짐을 나르다가도 그렸고, 다방 한구석에 앉아서도 그렸고, 주점에서도 그렸다. 캔버스나 스케치북이 없어 군용 천막을 뜯어서 그림을 그렸고 합판이나 양담배 속의 은박지에 뾰족한 송곳이나 못 같은 것으로 그렸다. 은지화는 새로운 형식의 작품이었다. 담뱃갑에 보호 용지인 은박지를 사용한 발상은 예술성과 더불어 이중섭의 창의성을 돋보이게 한다. 현재 남아 있는 은지화는 120점에서 300점 정도 된다. 이 은지화는 20세기 현대미술 전문미술관인 뉴욕의 MOMA에 소장된 유일한 한국인 화가의 작품이다. MOMA도 그의 창의성을 인정한 것이다.[127]

이중섭의 지인들은 그가 세상 물정을 뻔히 알면서도 통속에 흐르지 않고, 타협하지 않는 순결한 사람이라고 말한다.[128] 그는 그림에 자신의 인생 모두를 쏟아부었다. 재료가 있으면 있는 대로, 없으면 천이나 판자나 은종이에 그렸다. 재료 없음을 탓하지 않고 그리는 것에 집중했다. 고향과 가족이 그리울 때도 그렸고 입원해서 몸과 마음이 편치 않을 때도 그렸다. 그림은, 이중섭이 평생에 걸쳐서 하고 싶은 일이었고 그는 열정을 다해 그렸다. 그의 사후 그림에 대한 그의 열정과 창의성이 최고였음을 세상은 평가했다.

---

127. 이 그림은 대구 미국문화공보원 원장이었던 J. 맥타가트가 기증한 것으로, MOMA는 소장 이유를 밝힌다. "이 작품들은 예술 작품으로서만 아니라 소재 사용에 있어서와 작가의 창의성으로 봐서도 실로 매혹적인 작품들입니다. 또한 씨가 미술관에 참가한 최초의 한국 작가라는 것도 부기하는 바입니다. 동 작품의 수집을 가능케 해주신 귀하에게 감사합니다." 최열, 앞의 책
128. 박고석의 말, 위의 책

사업가
유일한 박사

유일한(1895~1971)은 1895년 평양에서 태어났다. 아버지는 일한을 미국으로 보냈는데, 당시 일한은 9살이었다. 대한제국 순회공사 박장현이 멕시코로 부임해가면서 미국을 들르게 돼, 그편에 아들을 보낸다. 일한에게 삶의 의지와 신념을 준 사람은 아버지였다. 아버지는 "미국에 가서 열심히 공부해 훌륭한 인물이 되어 돌아와 조국을 위해 일해야 한다"고 늘 충고했기 때문에, 일한은 낯선 이국땅에서도 굳건히 마음을 다잡을 수 있었다.[129] 미국으로 가는 배에서, 독립운동을 하던 박장현과 조카 박용만은 일한에게 과자를 사주고 영어도 가르쳐주면서 민족정신을 일깨웠다.[130]

---

129. 《나라 사랑의 참 기업인 柳一韓》, (주)柳韓洋行, 1995
130. 《유일한 평전》, 조성기, 도서출판 작은씨앗, 2005. 인물에 대해서는 이 책을 참고했으며, 특별한 주가 없는 인용은 이 책에서 인용했다.

샌프란시스코에서 초등학교를 다니고, 네브라스카주 커니로 가게 된 일한은 독신인 두 자매의 집에서 집안일을 도우며 학교에 다닌다. 두 자매는 영어도 가르쳐주면서 어린 일한을 성의껏 돌보았다. 나중에 한국에서 회사를 운영하던 일한이 1934년 미국에서 두 자매를 다시 만난다. 두 자매는 병약한 몸으로 시카고로 찾아왔는데, 어엿하게 성장한 그는 자매들에게 생활비도 건네고 생명보험을 들어 노후를 보장해주었다.

박용만은 우리가 일제의 반식민지 상태에 있음을 미국 정부에 호소하고 정한경이 커니 지방청을 설득해서, 1909년 네브라스카주 커니 농장에 소년병학교(후에 헤스팅스로 옮김)를 개교했다. 소년 일한이 두 자매에게 소년병학교에 갈 뜻을 비치자 두 자매는 "나라를 위해 용감히 싸울 수 있는 사람이 되어야 한다"면서 흔쾌히 승낙하고 꽤 많은 용돈을 주었다.

헤스팅스 대학 측은 기숙사 시설과 취사도구 등을 소년병학교에 무료로 제공해주고 한국인들이 일할 수 있는 농장도 주면서 직접 경영할 수 있도록 배려해주었다. 소년병학교는 여름에만 열렸으므로 학생들은 평소에는 각자의 학교에서 공부하다가 여름에 훈련을 받았다. 그 훈련 과정은 웨스트포인트 미육군 사관학교를 본받았다. 소년병학교의 군가와 훈련을 통해 소년들은 나라 독립의 의지를 키워나갔다.

일한은 소년병학교의 군사훈련을 통해 민족정신과 강인한 체력을 길렀다. 일한은 16세에 헤스팅스 고등학교에 들어간다. 그는 신문배달을 해서 학업을 이어나가고, 신문을 통해 세계의 소식을 접하고 안목을 키웠다. 늘 일등을 했던 일한에게 미국 아이들이 공부벌레라고 놀리기도 했다. 이때 그는 미식축구부에 들어가, 미국인에게 뒤지지 않는 체력을 기르고 한국인에게 부족한 협동심과 철저한 책임감을 배운다. 금전적 어려움을 겪던 아버지는, 일한에게 고등학교를 졸업하고 북간도로 와서 나라를 위한 일을 하라고 연락했다.

하지만 대학에 진학하고 싶었던 일한은 상담 선생님을 찾아갔다. 선생님이 보증을 서서 돈을 빌려 집으로 보내고, 일해서 돈을 갚은 후 대학에 진학하기로 한다. 일한은 100달러를 빌려 집에 보내고, 그것을 갚기 위해 디트로이트에 있는 에디슨 변전소에서 1년간 일하고 대학 등록금도 마련했다.

1916년 21세의 일한은 미시건 대학에서 경제학을 공부한다. 일한은 아르바이트 대신 비단, 부채, 손수건, 일용품 등 동양의 제품들을 도매점에서 사와, 앤 아버 지역의 중국인에게 팔았다. 시간제 아르바이트보다 훨씬 수입이 좋았다. 대학을 졸업한 일한은 회계사로 일하다가 사업을 시작한다. 그는 모두가 좋아하는 만두의 재료인 신선한 숙주나물 통조림을 개발했다. 두 번의 실패로 빚도 졌지만, 곧 이 숙주나물 통조림은 큰 호응을 얻었다. 중국음식점 뿐 아니라 미국 가정에서도 인기가 좋았다. 1922년 친구인 스미스와 '라초이 La Choy 식품회사'를 설립했는데 디트로이트, 시카고, 펜실베니아, 뉴욕에서도 주문이 와서 큰 성공을 거두었다.

일한은 미국에서 사업에 성공한 후, 1925년 한국에 온다. 아버지와 친지들은 그가 귀국하여 고국에서 일하기를 권했다. 일한은 미국의 사업을 정리하고 귀국해, 1926년 12월 '유한양행'을 설립했다. 유한양행은 창립된 지 4, 5년 만에 탄탄한 기반을 잡았다. 사람들은, 유한양행의 의약품들이 미국이나 구미에서 직수입되었다는 것을 알고 일본계 약품보다 신뢰했다. 하지만 일한의 목표는 약품 수입에 있지 않았다. 그의 어록에 "건강한 국민, 병들지 않는 국민만이 주권을 누릴 수 있다"[131]라고 했는데, 이 말에는 조국 독립에 대한 일한의 열망과 국민의 건강에 대한 그의 바람이 들어있다.

일한은 경기도 소사에 공장을 세우면서, 상해에 와있던 비엔나 출신의 저명한 화학자 데이비드 발레트 박사를 초빙하고, 연구소 시설을 완비해 신제품을 개발하는 데 힘썼다. 약품이 변질되지 않도록 냉동시설을 갖춘 창고를 건설했고, 약재 개발을 위해서 강원도 철원에 약초 재배농장도 조성했다. 이런 결과로 질 좋은 제품이 생산되면서 유한양행은 일본 제약회사를 압도했다. 유한양행은 당시 우리 민족의 자랑이면서 희망이었다. 일한은 1936년 6월 본사에서 총회를 개최하고 '주식회사 유한양행'을 발족시키며 개인 기업을 법인으로 바꾸었다. 이는 "기업은 개인의 것이 아니며 사회와 종업원의 것"이라는 평소의 경영 철학을 실천한 것이다.[132] 그리고 회사는 종업원들에게 액면가 10% 정도의 가격으로 주식을 골고루 분배해주었다. 국내 기업으로는 최초로 '종업원주주제'를 시행했다.

---

131. 유한양행 홈페이지, 어록
132. 《위대한 선각자 유일한 박사》, 유한양행

또 유한양행은 1962년 기업 공개를 했다. 주주들의 손실이 크다는 이유로 반대가 있었으나, 그는 기업이 개인만이 아니라 사회를 이롭게 하고, 이윤은 많은 사람에게 돌아가도록 발전시키는 것이 기업의 임무이며 민족기업의 책임이라고 주장했다. 유일한은 탁월한 경영으로 유한양행을 국내 1위의 제약회사로 성장시켰다. 1968년 유한양행은 일한의 소신대로 모범 납세자로 동탑산업훈장을 받는다.

1945년 산타 카탈리나 섬에서, 미국 국가전략정보국 특수 작전이 이루어졌다. 여기에 참가한 특수공작원은 모두 한국인이었다. 박물관에는 당시의 자료가 남아있다. OSS(미국전략정보국, 현재 CIA의 전신)의 작전은 은밀히 진행되어 모두 그 존재를 몰랐다. 한국침투작전(NAPKO Project, OSS가 태평양 전쟁 당시 한인 공작원들을 한반도에 침투시키려던 작전)은 무전, 낙하산 훈련, 촬영, 파괴, 사격 등 강도 높은 특수 훈련이었고 철저히 비밀리에 진행됐다. 당시 이 프로젝트의 서울 침투 조장은 50세의 한국인 유일한이었다. 그는 자신의 독립운동에 관해서 철저하게 비밀을 유지했다. 기록에는 그가 "열렬한 애국자이고 오랫동안 그의 시간과 금전을 한국에 바쳐왔다"고 전한다. 한반도침투작전은 우리 손으로 독립을 이루려는 민족의 의지였다. 그의 간절한 바람은 우리 힘으로 독립을 이루는 것이었다. 8월 일본의 투항으로 작전은 실행되지 못했다. 그로부터 50년 후, 그가 세상을 떠난 지 24년 만인 1995년 한국

133. 〈유일한〉, EBS 다큐프라임, 2019.05.09

정부는 일한에게 건국훈장 독립장을 추서했다.[133]

유일한은 교육에 대해서도 각별한 관심을 가졌다. 교육만이 능력을 발휘할 수 있다고 믿은 그는 6·25 동란 후, 가난 때문에 배우지 못한 청소년들을 위해 소사공장에 임시교실을 만들고 청소년들에게 학비와 숙식비를 제공했다. 다시 1964년 유한공업고등학교를 설립한다. 이 학교와 그가 펼치는 사회사업의 운영은 유일한의 사재로 이루어진 독립된 재단에서 운영한다. 이렇게 유일한은 거액의 재산을 내놓아 청소년 교육에 앞장섰다.

1969년 유일한은 경영 일선에서 물러나면서 회사 임원에게 모든 경영권을 인계했다. 아들에게 물려줄 수도 있었지만, 노력의 단계 없는 성공은 그에게 존중의 대상이 아니었다. 그로부터 50년 후, "각자 나라에 도움이 되도록 하자, 유일한 정신을 이어가기 위해 힘쓰겠습니다. 창의와 열정으로 정직하고 성실하게 일해 주십시오. 그렇게 할 때 우리는 사회에 기여하는 제2의 유일한이 될 수 있을 것입니다"[134]를 말하는 회사에 '유일한 정신'이 살아있다. 그가 세상을 떠났지만 유한양행은 여전히 '윤리 경영'의 대표적 기업이다.

1971년, 유일한의 유언장에 사회가 감동했다. 다음은 그 내용이다.

첫째, 유일선의 딸, 즉 손녀인 유일링(당시 7세)에게는 대학 졸업 시까지 학자금으로 1만 불을 준다.

---

134. 앞의 인용

둘째, 딸 유재라에게는 유한공고 안에 있는 묘소와 주변 땅 5천 평을 물려준다.

그 땅을 유한동산으로 꾸미, 유한동산에는 결코 울타리를 치지 말고 유한 중·고등학교 학생들이 마음대로 드나들게 해서 그 어린 학생들의 티없이 맑은 정신에 깃든 젊은 의지를 지하에서나마 더불어 느끼게 해 달라.

셋째, 유일한 자신의 소유 주식 14만 941주는 전부 '한국사회 및 교육 원조 신탁기금'에 기증한다. 일한은 이 기금에 이미 9만 6천 282주를 기증한 바 있었다. 그리하여 23만 7천 223주를 소유하게 된 신탁기금은 나중에 유한양행 재단으로 발전해 유한양행의 최대주주가 된다.

넷째, 아내 호미리는 재라가 그 노후를 잘 돌보아주기 바란다. (아내에게도 재산을 물려준다는 말이 없다.)

다섯째, 아들 유일선에게는 '대학까지 졸업시켰으니 앞으로는 자립해서 잘 살아가거라'라는 말만 남겨놓았다.

여섯째, '아무에게 돈 얼마를 받을 것이 있으니 얼마는 감해주고 나머지는 꼭 받아서 재단 기금에 보태라'라는 세세한 금전 거래를 밝혔다.

자신의 모든 소유를 자식들에게 물려주지 않고 사회에 고스란히 환원한 일한의 결단과 정신은 우리 사회에서 두고두고 귀감이 됐다. "기업에서 얻은 이익은 그 기업을 키워준 사회에 환원해야 한다. 사람은 죽으면서 돈을 남기고 또 명성을 남기기도 한다. 그러나 가장 값진 것은 사회를 위해서 남기는 그 무엇이다."라고 말한 일한의 언행일치를 만나는 순간이다. 그의 손녀 유일링은 인터뷰에서 유산에 대해 말한다.

스스로 성공을 일구도록 자랐다. 아무것도 하지 않는데 돈을 받는다는 것이 오히려 부끄럽게 느껴졌다. 이상하게 들릴 수도 있지만 스스로 자기의 길을 개척하는 것이 저의 존엄성을 지키는 길이라고 생각한다. [135]

오늘을 사는 우리와 젊은이들로 하여금 '유산이나 편하게 살 수 있는 조건'에 대해 돌아보게 한다.

유산에 대해서는, 일본의 변호사 니시나카 쓰토무는 말한다. "유산 때문에 불행해지는 것을 저는 많이 봤어요. 아무리 절세 지식을 총동원해서 자식에게 재산을 물려줘도 사실 자식 인생에는 그다지 도움이 되지 않습니다. … 돈의 가치를 알려 주지 않았다면, 그 돈은 불운의 시작입니다. … 자기만을 위해 돈을 쓰는 부자는 반드시 불행해집니다."[136]

100년 전 9세의 나이로 미국 유학길에 오른 유일한은, 타국에서 일하며 학업을 계속해 나간다. 집안의 도움은 받지 않는다. 동시에 나라 독립을 위해 소년병학교에서 군사훈련도 받는다. 그의 강인함과 인내력이 돋보인다. 우리나라 독립에 대한 그의 열망은 50세의 나이에도

---

135. 앞의 인용
136. 《자기 인생의 철학자들》, 김지수, 도서출판 어떤책, 2019

특수공작 훈련을 받았던 이력에서 볼 수 있다. 사업가인 유일한은 일제강점기에 유한양행을 설립하고 국내 제1의 제약회사로 키운다. 또 사회사업에 앞장서며, 회사와 자신의 전 재산을 사회에 환원하여 사회 기여에 대한 모범을 보여줬다. 어린 나이라고, 돈도 없고, 동양인이라 모든 것이 부족하다고, 무일푼으로 회사를 만드는 것은 불가능하다고 핑계대지 않았다. 또 내가 번 돈이니 마음껏 쓰겠다고 돈을 자랑하지도 않았다. 그래서 우리는 그를 존경한다.

5장

자기계발과 창의성으로
미래 찾기

새로운 제품의
개발

인체에 덜 해로운 주서기와
식품건조기 개발

하외구 대표[137]는 고등학교 3학년 때 처음 사업을 했다. 용돈이 필요
해 크리스마스에 양초를 만들어 팔았다. 대학 졸업 후, 9년간 두 개 정
도 회사에서 일하다가 품질 좋은 주방가전을 만들고 싶어졌다. 1996
년, 미국 제품을 베낀 것을 들고 한 업체를 찾아갔다. 대표에게 "지금
이 제품을 200달러에 만들고 있죠? 제가 80달러에 같은 품질의 제품
을 만들어 드리겠습니다"라고 제안했다. 업체 대표는 단번에 거절했
다. 쫓겨난 그를 본 미국 업체 부사장이 동업을 제안했다.

---

137. 〈돼지저금통 모양 양초 팔던 고교생, '스테디셀러' 식품건조기 사장으로〉 한경 17413호

이를 계기로 '리쿱' 하 대표는 제품을 생산하고, 공동 창업자 미국인은 제품을 팔았다. 1998년 처음 '주서기'를 내놨는데 미국의 코스트코, 홈쇼핑 등에 판매했다. 당시 주서기의 부품은 대부분이 플라스틱이었다. 리쿱은 식품이 닿는 부분을 스테인리스스틸로 만들어 내구성과 위생성을 높였다. 리쿱의 주서기는, 2001년 미국 음식 월간지 〈고메이〉의 대표 주방가전으로, 2003년 〈월스트리트저널〉의 '베스트 밸류' 제품으로 선정됐다.

2000년에 개발한 식품건조기는 해외에서 판매를 시작했고, 3년 뒤에는 국내에도 내놨다. 초기엔 반응이 좋지 않았다. 그런데 2000년대 후반 갑자기 주문이 쏟아졌다. 불량식품이 사회적으로 문제가 돼 '웰빙 간식'의 열풍이 불었기 때문이다. 이 제품으로 2014년 리쿱의 매출은 480억 원을 넘어섰고, 제품은 꾸준히 잘 팔리는 '스테디셀러'로 자리 잡았다. 하 대표는 "리쿱 건조기는 중국산 제품에 비해 건조 성능과 부품 안전성 등이 월등히 뛰어나다. 국내 생산만 고집하는 이유"라고 제품의 장점을 강조한다. 이 상품을 실제로 접하면, 감탄이 절로 나올 수밖에 없다. 칸칸이 나누어 건조해주니, 이 매력적인 제품은 주부들에게 정말 인기가 있다.

기술력이 시장에서 살아남는 증거다. 주서기의 부품을 인체에 털 해로운 스테인리스스틸로 만들어 타제품과 차별화했기 때문에 인정받을 수 있었다. 식품건조기도 뛰어난 기술력으로 승부했기 때문에 성공할 수 있었다.

친환경적이면서 인체에 해롭지 않은 쌀로 만든 빨대

싸고 편리한 플라스틱 빨대는, 각국의 플라스틱 사용 규제에 따라 친환경 소재로 교체되고 있다. 글로벌 커피매장들이 교체에 동참하면서 각종 친환경 빨대 시장이 급속히 성장하고 있다. 꽃신 제조업체 '연지곤지'의 김광필 대표[138]는 '쌀로 만든 빨대'를 개발해 글로벌시장에 내놓았다. 제품 개발이 끝나자 규제가 시행된 국가들의 주문이 밀려들면서, 연지곤지는 2019년 400억 원의 매출을 예상했다. 꽃신을 만들던 그가 친환경 빨대 개발에 성공한 요인은, 21개 특허를 보유한 기술력과 시장의 흐름을 빨리 읽어내는 사업적 감각이다. 신발을 만들면서 가벼운 소재를 찾던 중, 식용 컵이 나왔다는 말을 들은 게 그 시작이었다. 바로 쌀빨대 개발을 시작했다.

쌀빨대의 성질은 플라스틱과 유사하다. 이 빨대는 먹을 수 있으며 버려도 자연 분해되는 게 장점이다. 김 대표는 "종이 빨대도 겉면 코팅이 필요해 플라스틱이 사용된다."라며 종이 빨대의 한계를 설명한다. 반면, 쌀빨대는 양파망에 담아 바닷물에 담가두면 8일 동안 자연 분해된다. 인체에 유해하지 않으면서 환경에도 좋은 제품이다.

'쌀빨대'의 개당 가격은 35원으로 플라스틱 빨대의 10배다. 하지만 제품이 출시되고 6개월 만에 말레이시아, 태국, 캐나다, 싱가포르, 미

---

138. 〈'쌀빨대' 개발한 꽃신 CEO〉 한경, 2019.04.09

얀마, 라오스 등 11개국과 수출 계약을 맺었다. 납품 계약 물량을 합치면 5년간 월 7억 개다. 캐나다와 태국에 출시가 시작되고, 다른 국가들은 판매승인과 함께 납품하는 조건으로 계약했다. 국내도 메리어트호텔과 쉐라톤호텔, 힐튼호텔 안의 레스토랑, 개인 카페 등 500여 곳에 납품한다. 김 대표는 앞으로 쌀로 만든 포크, 스푼, 나이프 등 제품을 출시해 항공사로 판로를 넓혀갈 계획이다.

김 대표는 꽃신을 만들면서, 더 가벼운 소재 연구를 계속했기 때문에 '쌀빨대'를 개발할 수 있었다. 특허를 21개나 갖고 있으니 늘 연구했을 것이다. 제품 연구는 그를 창의력의 세계로 이끌었다. 플라스틱과 쌀을 연결 짓는 창의성에 필요한 조건이 있다.

창의성의 필요조건은 많이 알아야 한다는 것이다. 특히, 전문지식은 창의성에서 매우 중요하다. 전문지식 중, 주변 전문지식을 개인의 주 전문분야에 접목하면 그 지식이 새롭지 않더라도 바로 창의성으로 연결되는 경우가 많다.[139]

---

139. 송지호·김정엽, 《창의력 시크릿》, 북랩, 2018

고정관념을 버리고, 질이 좋은 천연오일과 향을 사용한 과일 모양 비누

태국 최대 규모의 재래시장에는 알록달록 먹음직스러운 열대 과일이 관광객의 눈길을 끈다. 근데 이건 과일이 아니라, 천연비누! 이 비누는 태국을 찾는 관광객들의 관심을 끄는 명물 중 하나이다. 이 천연 과일비누는 태국의 슈퍼마켓에서 판매되는 비누 중 판매율 1위를 점한다고 방콕 T슈퍼마켓 매니저가 말한다.

2011년, 과일 모양의 천연 수제 비누를 세상에 처음 내놓은 사람은 한국인 김환 대표[140]다. 김 대표는 대학 3학년 때, 돈도 벌고 경험도 쌓을 겸 태국에서 여행가이드를 했다. 어느 날 야시장을 걷는데 똑같은 모양의 비누들이 눈에 들어왔다. '비누는 모두 네모 모양'이라는 고정관념을 깨자 다양한 아이디어가 떠오르기 시작했다. 디자인을 전공한 태국인 아내를 만나 오랜 연구 끝에 천연 성분의 과일 모양 비누를 개발했다.

하지만, 곧 이를 모방한 제품들이 시장에 깔리면서 가격 경쟁력에서 밀렸다. 김 대표는 좌절 대신 비누의 품질을 끌어올리는 방법을 택했다. 그는 광고비를 줄이고, 마진을 줄이며, 질이 좋은 원재료를 쓰고, 향을 더 좋게 바꾸는 마케팅 전략을 썼다. 그는 현재 이 과일 모양 비누를 전 세계 20개국에 수출한다. 그의 성공스토리 시작은, 비누가 왜

---

140. 〈태국 명물 과일 비누 개발자, 김환 대표〉 YTN, 2019.06.02

네모 모양이어야 하는지에 대한 고정관념 깨기였다.

고정관념이란 생각을 덮고 있는 상자와 같아서 생각이 상자 밖을 나가지 못하도록 막는 방해자 역할을 한다. 우리의 뇌는 새로운 것을 받아들이고 익숙해지는데 많은 에너지가 필요하고, 이때 스트레스를 받기 때문에 익숙한 것에 안정을 느낀다. 그래서 고정관념이나 선입견이 우리의 생각을 가로막는다. 고정관념에 빠지면 문제를 창의적으로 해결하기 어렵다. 발상을 전환하기 위해서는 친숙한 것을 낯설게 봐야 한다.[141]

천 기저귀와 일회용 기저귀의 장점을 개량한 친환경 땅콩형 기저귀

펀비즈 최영 대표[142]는 '땅콩형 기저귀'를 만들었다. 땅콩형 기저귀는 기다란 사각형 모양의 천기저귀와 달리 가운데가 오목하게 들어가 아이들의 체형에 맞게 만들었다. 아기가 용변을 볼 때마다 기저귀 커버 안의 안감만 간편하게 갈아주도록 고안했다. 최 대표는 "일회용 기

---

141. 원상숙, 《창의력 공부의 마법》, 리더북스, 2018
142. 〈천기저귀 든 29세 여사장…7년 만에 '에코맘' 잡다〉 아시아경제, 2013.09.10

저귀와 달리 땅콩형 기저귀는 빨아 쓸 수 있고 천기저귀와 달리 접고 개는 불편한 과정이 없다"고 말한다. 이 기저귀는 환경과 편리함, 두 마리 토끼를 모두 잡은 제품이라고. 이 제품은 입소문을 타고 매출이 늘면서 2012년 12억 원의 매출을 올렸다.

최 대표는 중학교를 마친 후 바로 중국의 중산대학교에서 공부했고, 스무 살에 중소기업에 입사했다. 직장에서 중국 현지 전문가로 인정을 받았지만, 자신만의 사업에 대한 열망 때문에 창업에 도전했다. 그때 그녀의 나이 29세. 사람들이 '누가 요즘 천기저귀를 쓰느냐?'며 말렸지만 그녀는 꿋꿋하게 도전했다. 손에 쥔 돈은 400만 원뿐이었고 지인의 사무실에 신세를 졌지만, 확신이 있었기에 어려움을 이겨낼 수 있었다. 초기에는 블로그, 카페를 통해 체험단을 모집하고 제품을 무료배송했다. 또 모든 방송사와 교양프로그램 사이트에 글을 올리고, 발로 뛰었다. 이 땅콩형 기저귀는 아이디어 상품으로 방송을 타면서 주목을 받기 시작하고, 매출에 가속도가 붙었다.

또 최 대표는 유아용 기저귀를 넘어 실버용품에도 사업을 확장하고 있다. 노인용 기저귀와 요양원에 공급되는 방수시트 등을 '에코리아' 브랜드로 공급 중이다. 국내에 실버케어 상품이 부족한 만큼 그 부문을 공략하겠다는 계획이다.

그녀는 약해질 때마다 스스로 여성이 아닌 사업가라고 생각한다. 힘든 점도 많지만, 여성 특유의 섬세함에 사업가로서의 강점이 있다고 말한다. 이 기저귀는 아기들의 건강에 좋고 사용이 편리함. 일회용 기저귀보다 환경에 유익한 아이디어 제품이라 더 돋보인다.

스마트폰과 연동돼 질병의 조기 진단이 가능한 세계 최초 스마트 생리컵

룬랩의 황룡 대표는 디지털화한 스마트 생리컵 '룬컵'[143]을 개발했다. 이 똑똑한 생리컵 룬컵은, '2018 대한민국 발명특허대전'에서 특허청장상을 받은 데 이어, 미국 라스베이거스에서 열린 '소비자가전쇼(CES) 2019'에서 혁신상도 받았다. 또 이 제품은 인간공학적으로 우수한 제품에게 수여하는 '2018 인간공학디자인상(Ergonomic Design Award)'에서 최고 혁신상(Best Innovation Award)'을 받기도 했다.

룬컵은 수위 센서로 생리컵의 수위를 측정해 진동으로 알려주는 촉각 피드백을 제공한다. 사용자는 진동으로 생리컵의 수위를 알 수 있다. 또 본체 하단에 탑재된 수위센서, 컬러센서, 가속도센서, 온도센서를 통해 생리량, 혈색, 주기, 체온 등을 측정한다. 센서는 생리컵이 제거돼 인체 밖으로 나왔을 때만 통신할 수 있도록 설계돼 전자파 걱정도 없다. 룬랩의 애플리케이션은 블루투스를 통해 사용자 스마트폰에 기록한다. 누적된 데이터를 통해 생리와 관련한 건강정보를 편리하게 확인할 수 있다는 게 강점이다.

황 대표는 "생리혈은 측정되지 않은 영역이었지만 '강수량'처럼 측정하고 기록하면 과학의 영역으로 바뀔 수 있지 않을까?"라고 생각했다. 2016년 창업한 뒤 3년간 연구개발에 집중한 끝에 스마트폰과 연동

---

143. 〈룬랩 '스마트 생리컵'〉 파이낸셜 뉴스, 2018.11.10 / 머니투데이, 2019.03.26

되는 세계 최초 스마트 생리컵 룬컵이 탄생했다. 기록된 정보들을 이용해 생리불순, 월경과다, 자궁근종 등 질병을 조기에 진단할 수 있다. 다른 제품도 생리와 관련된 기록을 할 수는 있지만, 생리량이 없음, 적음, 중간, 많음 등 정량화되지 않은 기록만 할 수 있다. 하지만 룬컵은 ml 단위의 정량적 측정을 할 수 있는 최초의 제품이라는데 경쟁력이 있다.

'유레카'를 외친 아르키메데스는 왕의 명령으로 왕관의 순도를 확인할 방법을 찾아야 했다. 그의 모든 관심과 머릿속은 온통 그 문제뿐이었을 것이다. 이러한 상황은, 머릿속 기억 속에 문제 해결이라는 세밀한 그물을 치고 해답을 기다리는 것과 같다. 그때 지금까지 하찮았던 현상이, 그 그물에 걸려 해답에 결정적인 현상으로 승화되었다고 볼 수 있다. 창의성은 결코 불현듯 나타나는 것이 아니다. 해결할 문제가 있었기 때문에, 모든 관심이 집중되어 있었기 때문에 창의성이 실현된[144] 것이다. 창업에 필요한 집중이 위의 제품들을 만들어냈다고 볼 수 있다. 더구나 이 제품은 일회용 생리대가 지닌 환경에 관한 문제도 해결하는 장점을 지닌 제품이다.

144. 송지호·김정엽, 앞의 책

아이디어와 기술로
일군다

인사관리 프로그램을 제공하는 스윙비

스윙비[145]는 최서진 대표가, 안랩 동남아 사업 담당으로 일하다가 2016년 7월 말레이시아 쿠알라룸푸르에 차린 회사다. 현지 중소기업들이 종이로 휴가를 신청하는 모습을 보고 창업했다. 스윙비는 동남아 지역 중소기업에 특화한 클라우드 기반의 인사관리 프로그램을 판매하고 있다.

이 회사는 건강보험 추천부터 근태관리, 급여계산, 세무 서비스를 현지 노동법에 맞춰 제공하고 있다. 말레이시아와 싱가포르가 핵심 시장이다. 스윙비의 소프트웨어는 직원 정보와 출퇴근 관리, 휴가 신청

---

145. 〈종합 인사관리 서비스, 스윙비〉 한경 17413호, 아이뉴스24 2019.05.20

등 기본 기능은 무료로 제공하는데, 여기서 회사들은 연간 수천 달러의 비용을 아낄 수 있다. 추가로 고급 기능인 급여계산과 건강보험 추천은 유료로 제공한다. 무료 기능을 기반으로 유료 상품을 파는 전략이다. 동남아 지역의 중소기업 숫자는 7,000만 개가 넘기 때문에 스윙비는 동남아의 중소기업을 대상으로 서비스를 시작했다.

인사관리 소프트웨어 시장은 2024년까지 92억 달러(약 10조 4000억원)에 이를 것으로 예상한다. 향후 스윙비는 대만에 법인을 설립하고 다른 동남아 국가로 사업을 확대할 방침이다. 스윙비의 핵심 사업은 빅데이터를 기반으로 한 보험중개업이다. 동남아 기업들은 고용보험만 의무적으로 가입하고 건강보험, 생명보험, 자동차보험 등은 기업이 각자 가입한다. 스윙비는 2018년부터 고객사를 통해 얻은 급여, 인력 관련 데이터를 바탕으로 고용주에게 적합한 보험을 중개하고 있다. 앞으로는 직접 보험을 판매하는 게 목표다. 2016년, 50여 개에 불과하던 고객사가 4500개까지 늘었다. 성장세에 힘입어 2017년 미국계 벤처캐피털(VC) 빅베이슨캐피털과 월든인터내셔널, 영국계 보험사 아비바로부터 160만 달러(약 18억원)를 투자받았다.

삼성전자도 미래 신성장동력 발굴을 위해 동남아시아에서 첫 번째 벤처투자를 한다. 삼성전자의 투자 전문 자회사 삼성벤처투자(Samsung Ventures)는 최근 싱가포르에 본사를 둔 인사관리(HR) 소프트웨어(SW) 전문 벤처기업인 이 '스윙비(Swingvy)'에 투자한다고 밝혔다.[146]

---

146. 〈삼성전자, 동남아 첫 벤처투자는 '스윙비'〉 이데일리, 2019.05.03

창의성은 무슨 문제든 '왜'라는 의문을 품고 스스로 답을 찾아낼 때 얻을 수 있다.[147] 최 대표는 동남아 중소기업이 종이로 휴가를 신청하고 결재하는 모습을 보며 '왜 전산을 이용하지 않을까?' 하는 의문을 가졌고, 이것이 창업의 출발점이었다.

사다리차 배차 앱 '사다리쿡'

이사나 가구를 옮길 때 사다리차를 급하게 구해야 한다. 하지만 쉽지 않다. 또 구한다고 하더라도 비용이 비싸 소비자들의 불만이 많았다.

이러한 불만을 해소할 수 있는 모바일 애플리케이션 '사다리쿡'[148]이 2017년 7월 출시됐다. 사다리쿡은 사다리차를 모바일 앱으로 손쉽게 이용할 수 있는 서비스다. 김인수 대표는 청년창업으로 사업을 시작했다. 특히 SK 청년비상과의 협업으로, 내비게이션 앱 T-map(티맵)을 통한 목적지 안내, 오키토키 무전 앱을 통한 긴급 출동 서비스 등과 연동이 가능해지면서 서비스영역을 확대했다.

김 대표는 "제가 만든 서비스가 유통돼 서비스가 필요한 소비자들에

147. 원상숙, 《창의력 공부의 마법》, 리더북스, 2018
148. 〈사다리차 배차 앱 '사다리쿡'〉 공감신문, 2018.02.07

게 조금이나마 도움과 편의를 제공할 수 있다면 해당 창업은 성공한 것이라고 생각한다"고 전한다. 김 대표가 사다리차 차주와 고객을 연결해주는 사다리쿡 앱을 개발하게 된 계기는, 군 전역 후 시급이 높은 사다리차 아르바이트 경험이다. 기존 사다리차 시장은 전화를 통해서만 차주와 고객을 연결하고 이 과정에서 소통이 제대로 이뤄지지 않아 불편한 점이 많다고 느낀 것. 김 대표는 차주와 고객을 연결할 수 있는 O2O(온라인과 오프라인이 결합하는 현상) 방식의 브리지를 개발하고자 했다. 하지만 개발이 쉽지는 않았다. 김 대표는 포기하지 않고 정부의 다양한 창업지원 사업과 창업교육을 전문적으로 이수했다. 전문적 역량을 보유한 5명의 팀원이 합류해 사다리쿡 서비스를 오픈할 수 있었다.

이후 다양한 마케팅과 홍보를 통해 소비자들로부터 긍정적인 호응도 얻었다. 사다리쿡의 출시로 고객은 기존의 전화 서비스보다 배차 받는 속도가 빨라졌고, 차주 입장에서도 가입에 필요한 회비가 면제됐다. 또 배차에 필요한 추가 기기가 필요 없어 이용에 대한 비용 부담이 현저하게 줄었다.

김 대표는 "자신을 믿고, 실패를 두려워하지 않으며, 차근차근 창업을 배울 준비가 되어 있다면 그 창업을 열렬히 응원하고 싶다. 또 창업에 대한 성공과 실패에 궁금한 점이 있다면 언제든지 함께 고민하고 해결방안을 찾아 줄 준비가 되어 있다"고 응원한다.

독창적인 핀테크(금융기술)의 개척자 웹케시

급히 현금이 필요할 때 찾는 편의점의 현금자동입출금기(ATM), 공과금을 낼 때 이용하는 가상계좌는 이미 우리 생활의 일부가 된 금융 서비스들이다. 이 서비스들을 살펴보면 공통점이 있다. 그것은 '핀테크(금융기술)의 장인匠人' 석창규 회장[149]이 이끄는 '웹케시'의 손을 거쳤다는 점이다.

석 회장은 작은 문구 제조공장을 하던 아버지 때문에 어릴 때부터 사업에 관심이 많았다. 대학에 다닐 때, 아버지가 돌아가셨다. 생계를 위해 집 한쪽을 개조해 떡볶이와 아이스크림을 팔았다.

처음 6개월은 장사가 잘 됐으나 실패했다. 첫 사업이 실패한 뒤엔 아르바이트로 생계를 유지했다. 집안의 장남이라는 무게감 때문에 돈에 신경을 쓰다 보니 자연스럽게 학업과는 거리가 멀어졌다.

대학 졸업 후 부산의 동남은행에서 프로그래머로 일하다가 외환위기에 은행이 팔리면서 사표를 냈다. 퇴직금 1억 원을 갖고 부산대 창업지원센터의 23㎡짜리 사무실에서 동남은행 시절 동료 8명과 웹케시의 전신인 '피플앤커뮤니티'를 창업했다.

회사의 목표는 은행 손님들이 불편하게 느끼는 점들을 해결하는 것이었다. 궁리 끝에 나온 첫 작품은 편의점 ATM이었다. 당시 ATM 가격은 대당 수천만 원. 금방 문을 연 중소기업이 감당하기엔 벅찼다.

---

149. 〈떡볶이 장사꾼이 IT기업가로 – 석창규 웹케시 그룹 회장〉 한경 17433호

동남은행 시절의 동료들 투자금을 모아 가까스로 사업자금을 마련해 2000년에 서비스를 시작했다. 하지만 대기업들이 웹케시와 비슷한 서비스를 내놓고 물량 공세를 펴서 위기가 찾아왔다.

석 대표는 이렇게 말한다. "특허 소송도 돈이 있어야 할 수 있어요. 아쉬워서 눈물이 났습니다. 여기서 주저앉을 수는 없다는 생각으로 이를 악물고 차기작을 개발했어요." 2004년 기업용 자금관리(CMS), 공공기관용 재정관리 서비스가 인기를 끌면서 웹케시는 한숨 돌렸다. 은행 온라인 뱅킹 시스템통합(SI) 사업 등이 추가되면서 은행권에서는 알아주는 정보기술 기업으로 자리를 잡았다.

2017년 석 회장은 핀테크 솔루션 사업에 집중하려고 18년 동안 해오던 은행권 업무 일괄 서비스를 과감히 정리했다. 매출에 매달리기보다 독창적인 사업에 전념하자는 마음이었다. 920억 원에 달하던 웹케시 매출이 770억 원으로 줄었지만 석 회장은, 매출이 줄어도 자신만의 명품이 있으면 경쟁력이 있을 거라 판단했다. IT 사업도, 기획부터 구축하고 운용하는 노동 집약적인 사업으로는 독창적인 것을 일굴 수 없다고 봤기 때문이다.

웹케시는 국내 최초라는 타이틀을 꽤 보유하고 있다. 편의점 현금자동입출금기(ATM), 기업용 가상계좌. 자금관리 서비스인 '인하우스뱅크'와 중소기업용 자금관리 서비스인 '브랜치'. 인하우스뱅크를 쓰는 기업과 공공기관은 모두 425개, 브랜치를 쓰는 고객사는 더 많다. 4900개 중소기업이 이 서비스를 이용하고 있다. 여기에 법인카드 지출관리, 중소기업용 경리업무 시스템 등으로 사업영역을 확장했다. 자신만이 할 수 있는 사업에 집중한 결과다.

앱 개발

한국에서도 응용프로그램 사업[150]은 이미 시작됐다. 대표적으로 성공한 앱이 '카카오톡'이다. 유료 문자가 부담스러운 사용자들로부터 대환영을 받으며 많은 사람이 내려받은 카카오톡은 급성장했다. 카카오톡을 만든 김범수 의장은 삼성SDS에 입사한 이래 한게임, 네이버, 아이위랩 등 우리나라 IT 역사와 함께해 온 인물이다. 그는 산업공학을 전공했다.

청소년들이 한국의 김범수, 애플의 스티브 잡스와 티모시 쿡, 구글의 에릭 슈미트를 꿈꾸지 못할 이유가 없다. 앱 개발자는 자신의 아이디어로 IT 사용자가 즐겁고 편리한 인생을 누릴 수 있게 하고, 그 프로그램이 유명해지면 경제적 보상이 이루어진다. 청소년들에게 "개발자 세상을 보라"고 권유하는 이유는, 그것이 공정하고 평등하며, 노력한 만큼 보상이 이루어지고, 지속 가능한 성장을 이룰 수 있기 때문이다.

개발자로 성공하기 위해서는 첫째, 인문학적 소양을 갖추어야 한다.

---

150. 〈앱 개발자〉 레이디경향, 2014. 8월호

인문학이란 '인간'에 대한 관심이다. 사람이 어떻게 사는지, 어떤 순간에 행복해하고, 어떤 일에 분노하는지, 어떤 일에 관심이 있는지, 어떤 순간을 외면하는지 등. 스마트폰의 세계 또한 사람의 뇌 구조와 꼭 닮은 시스템에 의해 운영된다. 카카오톡이 인간의 대화를 닮았고, 다이어리가 오프라인의 수첩과 같은 기능을 갖고, 버스에서 고스톱 게임을 하게 만드는 것이 앱의 속성이다. 아날로그 세상에서 벌어지는 일 중에 흥미를 끄는 것들을 응용프로그램으로 만들 때 인문학보다 우선시할 건 없다. 앱의 세계는 무한하다. 전문가들은, 특히 교육과 관련된 앱이 IT 시장에서 가장 성장할 분야로 내다본다. 이미 서구의 선진국들은 교과서 대신 아이패드 하나로 모든 교육체계를 감당한다. 우리 집 아들이 2007년 중국에서 영국계 국제학교에 다녔는데, 이미 맥북으로 모든 수업과 교육과정을 수행했다.

두 번째 조건은 '기술'이다. 앱 개발에 필요한 기초는 제3의 언어라 불리는 통칭 'C언어'를 완벽하게 알아야 하고 데이터베이스, 네트워크 시스템을 공부해야 한다. 대학에서 전공하거나 학원에서 공부한 뒤 자격증을 따면 그 다음 단계로 나갈 수 있다. 꼭 대학에 진학해야 할 필요는 없지만, 한국이나 미국의 앱 기업은 학부 졸업장을 요구하거나 원하는 것이 현실이다.

세 번째는 영어다. 개발자로 성공하려면 한국 시장은 무척 협소하다. 애플이나 구글이 미국에 국한된 기업이 아니듯 개발자 또한 세계 시장을 목표로 해야 한다. 세계 시장을 향한 앱 개발자가 되기 위해서는 영어가 필요하다.

이런 것들을 모두 충족시키고 좋은 아이디어가 떠올랐다고 개발자로 성공하는 것은 아니다. 개발자로 산다는 것은 '사업가로 성공하겠다'라는 말과 같다. 직장에 들어가 배우는 과정도 필요하지만, 독립된 개발자의 삶을 목표로 해야 한다. 아이디어와 기술만 뒷받침된다면 혼자 혹은 소수가 일해도 무방하다. 독립된 개발자가 되려면 개발과 마케팅 비용도 염두에 둬야 한다. 한국은 물론 샌프란시스코 등 세계 IT 시장의 중심지에는 '스타트업(신생 벤처기업)'을 지원하는 '엘리베이터 기업'들이 포진해 있다. 그들은 가능성이 있는 스타트업의 진출을 돕고, 적절한 펀드 회사를 연결해주는 회사들이다. 엘리베이터 시스템에 참가하려면 논리적인 두뇌와 설득력 있는 대화법, 배우려는 자세, 토론의 태도, 대인관계 능력도 꼭 갖춰야 한다.

창업은 힘들지만
보람 있는 도전이다

바이오스마트

박혜린 '바이오스마트' 회장[151]의 부모는 정미소를 운영하다 서울에 미곡상을 차렸다. 그녀는 통장에 돈이 조금씩 쌓이는 것을 보는 게 즐거워 용돈, 버스비, 밥값까지 아껴 저축했다. 숫자에 밝아 고교를 마칠 때까지 부모의 장부 정리를 도왔다.

대학 졸업 후 사업에 도전했다. 타이어 장사 사업 계획을 세우고 부모님에게 자금을 빌렸다. 22세 때인 1991년, 강남구 삼성동에서 수입 타이어 유통사업에 나섰다. 어리고 경험도 전무했지만, 과감한 선택이었다. 타이어 판매와 설치, 상태까지 진단해 주는 신개념 종합서비스

센터로 매장을 꾸며 타 매장과 차별화했다. 타이어를 납품받은 카센터의 사장 몇이 결제대금을 떼먹고 달아나 남몰래 눈물도 흘렸다. 젊은 여사장이 운영하는 서비스 좋고 깔끔한 매장이라는 소문이 나면서 고객이 몰렸다. 수년간 수입 타이어를 전국에서 가장 많이 팔아 큰돈을 벌었다. 부모에게 빌린 돈을 이자까지 쳐서 갚고 임대용 건물도 지었다. 외환위기 때는, 자금난에 처한 수입 타이어 유통업체 3곳을 사들여 업계의 절대 강자가 됐다.

2003년 자신의 건물에 있던 케이비씨(현 바이오스마트)가 적대적 인수합병(M&A)의 위험에 처했다는 소식을 들었다. 그 회사 대표가 경영권을 방어해 달라고 부탁을 해왔다. 고민 끝에 지분을 사들여 최대주주가 됐다. 신용카드를 만드는 코스닥 상장기업이었다. 매출을 안정화하는 게 급선무였다. 직접 연구개발(R&D) 팀장을 맡아 멤버십카드, IC카드, 스마트카드, 친환경 특수카드의 개발을 이끌었다. 새 카드를 거래처에 제안해 일감을 확보하자 매출이 증가세를 보였다. 과당경쟁을 없애려고 국내 카드 제조업체 4곳 중 2곳을 추가로 인수해 시장 점유율을 70%대로 끌어올렸다. 해외로도 진출해 태국에 전자주민증 3천만 장도 공급했다.

2006년에 유전자 분석으로 질병을 판별하는 분자진단 전문기업 디지탈지노믹스(현 에이엠에스)를 인수해 연구비를 쏟아부었지만 10년간 매출이 없어 어려움을 겪었다. 시료를 전용 칩에 놓으면 1시간 뒤쯤 결과를 알려주는 장비(스마트도그)를 2012년에 개발했다. 박 회장은 원격 검침 시스템을 국내에서 처음으로 구축한 디지털 계량기 제조업체 옴니시스템, 전자세금계산서 서비스업체 비즈니스온커뮤니케이션, 로레알에 납품하는 라미화장품과 한생화장품, 오스틴제약, 시공사 등을 연결 대상 종속회사로 보유하고 있다.

"기업과 결혼했다"는 그녀는. 총 2000억 원 넘는 매출에 만족하지 않고 계열사를 세계적인 기업으로 키우기 위해 오늘도 뛰고 있다. 나이도 적고 여자였지만. 자신이 잘 할 수 있는 서비스로 사업을 키웠다. 또 카드를 직접 개발하고 남이 하지 않는 원격 검침 시스템을 만들고. 계열사를 키우기 위해 도전하는 용기 있는 사업가다.

Elle Choi

Elle choi[152]는, 2018년 지역경제발전에 크게 기여하고, 특히 해외 수출 등 경제기업 공헌부문에 남달리 기여한 공적이 인정되어 대한민국 기업경영인 대상을 수상했다. 최 대표는 여고 졸업 후 취업했다. 무역회사 경리로 낮에는 회사에서 일하고, 밤에는 무역회관에서 수업을 들었다.

1980년대 당시만 해도 여자들에게 많은 기회가 없었기 때문에 남모를 설움이 많았다. 고졸에 여자라는 조건은 악조건이었다. 20살의 나

---

152. 〈Elle choi Cestusline(산업안전용 장갑) 대표이사〉 선데이 뉴스, 2018.01.01

이로 'Buying Office(무역 업무 대행 및 자료제공)'를 설립하고 영어와 일어도 독학으로 공부했다. 부모님을 설득하여 결혼 자금을 회사 설립 자금으로 돌렸다. 하지만 1년 2개월간 아무 수주도 없이 그저 돈만 낭비하기도 했다.

무역 업무 대행 일이 자리를 잡을 무렵, 장갑과 인연을 맺게 됐다. 처음에는 품질 좋고 저렴한 제품을 일본 업체에 소개했다. 이후 공장 설립 제안이 들어와 공장을 세웠다. 그로부터 3년 후, 용기를 내 미국에서 공부도 했다. 1997년 IMF로 공장이 파산 위기에 몰려 본격적으로 '산업용 장갑' 생산에 뛰어들었다. 십 년의 디자인 개발과 특허 등록을 거쳐, 2010년에 미국에서 한국 브랜드로 'CESTUS LINE' 이라는 회사를 설립했다. CESTUS는 로마 시대 검투사의 장갑이다. 고달픈 노동을 해야 하는 근로자들이지만 일터에서 즐거운 마음으로 일할 수 있게 하고, 안전 수칙을 지키면서 화려한 색상으로 아름다움을 뽐내는 장갑을 만들기로 했다. CESTUS LINE의 제품은 작업용으로 쓰기에 아깝다는 평을 듣지만, 가격이나 품질로 세계 최고의 산업용 장갑임을 자부한다. 수익 우선이 아닌 근로자의 손 안전에 신경을 쓰다 보니 자연스럽게 독특함과 개성이 제품에 드러났고 인정을 받았다.

이 회사의 특성은, 수익보다 사람을 우선으로 생각하는 따뜻한 회사의 마음이 소비자에게 전달돼 인정받은 예이다. 근로자의 손에 신경을 쓰다 보니 자연스럽게 독특함이 생긴 거다. 대학 진학 대신 창업을 택했고, 누구도 만들지 못하는 제품으로 차별화한 최 대표의 노력과 의지가 돋보인다.

EOS

김미경 이오에스(EOS) 대표[153]는 쉼 없이 공부하고 노력한다. 2003년 20대 여성으로 단돈 1천만 원을 손에 쥔 채 겁 없이 사업을 시작했다. 김 대표는 현재 매출 360억 원대 기업의 수장이 됐다. 젊음과 끈기, 도전 정신이 지금의 그녀를 만들었다. EOS는 인쇄회로기판(PCB) 업체다. PCB 설계부터 제조까지 원스톱으로 가능한 유일한 국내 기업이다. 품질로는 손꼽히는 덕에 국내외 500여 개 회사와 거래를 하고 있고, 2011년 이스라엘 항공우주 제조업체인 IAI와 계약했다. 이런 기술력으로 지난해는 글로벌 회계법인 언스트앤영이 선정한 '한국 최고 기업가'로 김 대표가 뽑혔다.

전문대에서 컴퓨터지원설계(CAD)를 공부하고 회사에 다녔다. 하루는 회사에 CAD프로그램을 가르치러 온 여성 프리랜서 강사를 만난다. 24살인 강사는 자신을 '경력 10년 차'라고 소개했다. 비슷한 나이에 자신만의 영역을 구축한 강사를 보고 김 대표는 사직서를 냈다. 나만의 일을 하고 싶었기 때문이다. 그 후 1년여 간 강사를 쫓아다니며 영업을 익힌 김 대표는 1997년 25세로 서울 구로구에서 사업을 시작했다.

소파를 침대 삼아 시간을 보냈고 회사는 점점 커졌다. PCB 제조업체에서 일하던 남편이 공장 하나가 매물로 나왔음을 말해줬다. PCB 설계에서 제조까지 사업을 넓히는 기회였다. EOS의 영업이익률은 9%

---

153. 〈김미경 이오에스(EOS) 대표〉 아시아경제 2013.07.30

로 타 경쟁 업체에 비해 높다. 다른 업체가 모방할 수 없는 기술력을 내세우는 대신 높은 가격을 취한다. '넘버(Number) 1'이 아니라 '오직 하나(Only 1)' 전략이다. 매년 순이익의 5%가량을 연구개발에 투자한다. 회사는 우주항공, 방위, 인공위성 등 오차 제로가 요구되는 산업에도 PCB를 공급하고 있다.

무조건 사표를 던지고 회사를 그만두는 것은 현명하다고 할 수 없다. 자기 분야의 전문지식 기반과 독특한 아이디어, 혁신의 의지가 필요하다. 실패를 거듭하면 약해지기도 하는데, 멈추지 않는 열정과 실패에서 배우는 자세도 갖고 가야 한다.

메디테라피

메디테라피를 창업한 동갑내기 이한승, 이승진 공동 대표[154]에게 창업은 현실이었다. 2017년 설립된 메디테라피는 힐링과 뷰티·건강 제품을 만들어 온라인에서 판매하는 회사다. 발바닥에 파스처럼 붙이면 페퍼민트·쑥 추출물 등이 땀과 노폐물을 흡수해 피로를 풀어주는 일명 '200억 발 패치'로 유명하다.

---

154. 〈생활비 없어 가진 책 팔던 '찐공대'…200억 발패치 대박〉, 중앙일보, 2020.02.23

이 제품은 2018년 출시 이후 2년도 안 돼, 1500만 장 이상 팔렸다. 덕분에 2018년 매출은 274억 원으로 전년보다 두 배 이상 뛰었다. 이승진 대표는 산업공학과 출신이고 이한승 대표는 금속공학을 전공했다. 명문대 졸업생인 두 사람은 많은 사람이 선망하는 직장에 취직했다. 이한승 대표는 현대제철에, 이승진 대표는 삼성전자에 입사했다. 야망도 컸다.

"저희 다 흙수저에 가까웠어요. 돈 많이 벌고 대기업에서 사장도 되고 싶었죠"라고 회상한다. 하지만 그러기엔 조직의 벽이 높았다. 두 사람은 스타트업 모임에 참석하고 미국 벤처 투자회사들의 사례를 연구하며 창업을 꿈꿨다.

처음 3~4년은 각자 여러 일을 시도했지만 쉽지 않았다. 두 친구는 2017년 8월 창업을 결심했다. 자본금 2천만 원이 전부였다. 답은 투자자가 아니라 '소비자가 원하는 것'에 있었다. 두 사람은 인터넷에서 검색량과 후기 개수, 제품에 대한 평점 등을 기준으로 소비자의 흔적을 뒤졌다. 그 결과 피로 완화에 도움을 주는 발바닥 패치 검색량이 3만 2천 개를 훌쩍 넘는 것을 발견했다. 목표가 정해진 뒤엔 소비자의 불만 사항을 분석하고 부산의 한 공장과 협업했다. 기능을 개선해 새로운 발바닥 배치를 만들어냈다. 이승진 대표는 "이렇게 많은 사람이 힐링과 건강에 관심이 많다는 걸 알고 깜짝 놀랐다. 우리에겐 시장의 수요를 제대로 알고 받아들이는 겸손함이 필요했던 것"이라고 말했다.

메디테라피는 제품의 영상이나 이미지를 소셜미디어(SNS)에 올려 구매로 연결되는 '미디어 커머스'로 제품을 판매한다. 소비자 쪽에선 물건을 발견한 뒤 필요성을 느껴 구매하는 셈이다. 중개 판매가 아니라 자사 브랜드로 직접 제품을 만든다. 이한승 대표는 "소비자들이 믿고 계속 찾는 브랜드가 되고 싶었다. 단순히 잘 팔릴 물건이 아니라 좋은 제품을 제작해 팔자"가 목표였다고 말한다.

하나를 만들더라도 제대로 공을 들이기 위해 제품수도 과감히 15개 정도로 줄였다. 경쟁 미디어 커머스 업체들이 300개 가까이 상품을 내놓는 것과 대조적이다. 조금이라도 기준에 미치지 못하면 바로 폐기하고 다시 만들기를 반복했다. 그 결과 제품 대부분이 50% 이상의 재구매율을 기록하게 됐다. 두 사람은 수십억 명에게 사랑받는 브랜드를 꿈꾼다. 가장 먼저 도전할 시장은 중국이나 동남아시아가 아니라 북미시장이다. 건강에 좋은 것, 심신에 편안함을 주는 상품인 만큼 선진국에서 성능과 품질을 인정을 받아야 한다고 판단했기 때문이다.

두 사람은 예비 창업자들에게 응원을 보낸다. "힘든 순간이 많았지만 한 순간도 후회해 본 적은 없어요. 연봉이나 출세도 중요하지만, 만약 다른 일이 내게 동기부여가 된다면 참지 말고 원하는 것을 찾아 나서요. 힘든 것마저 즐기면서 도전하는 것 자체가 의미 있는 삶이라고 생각해요."

창업은 직장인들의 꿈이지만 막상 시작하기는 어렵다. 치열한 생존 경쟁에서 살아남기가 쉽지 않은 게 현실이기 때문이다. 하지만 철저한 연구와 시장 조사, 열정을 갖춘다면 도전할 가치가 있다. 도전도 젊을 때 해야 다시 일어설 수가 있다. 그리고 실패도 다시 일어서게 하는 훌륭한 근육이 될 수 있다. 이 세상에 계속 성공만 하는 사람은 없으니까.

나만이 잘 할 수 있는 게 있다

디자이너 유영규

유영규[155]는 한국과 해외에서 활발히 활동하고 있는 대표적인 스타 디자이너다. 삼성전자, 나이키, 아이리버, 모토로라 등 내로라하는 기업에서 디자이너로 일했다. 그가 디자인한 '월드 클락'은 한국인 최초로 뉴욕 쿠퍼휴잇 디자인 뮤지엄에 영구 소장됐다.

2015년 마이크로소프트(MS)사가 출시한 '홀로렌즈'의 색상에 붙은 이름은 '제주 블랙Jeju Black', '하효 오렌지Hahyo Orange'다. 〈타임〉 지에서 2015년 올해의 제품으로 선정한 획기적인 제품이었다. 이 최첨단 기기에 '제주'와 제주의 마을 '하효'라는 이름이 붙었다. 그는 현무암의 검회

---

155. 〈스타 산업디자이너 유영규〉 조선일보, 30479호

색에서 '제주 블랙'이라는 색깔을 구상했다. 감귤의 오렌지색에서 하효 오렌지라는 따뜻한 색감을 떠올렸다. 그는 "우리 문화를 수출하는 것 같아 자부심이 생겼다"라고 말한다. 그는 어린 시절 보고 느낀 제주의 자연에서 영향을 많이 받았다고 회상한다. 자신이 디자인한 가습기, 아이리버 MP3, USB는 단순하면서도 소박하고 편안한 제주의 느낌이 제품에 들어있는 것 같다고.

그는 제주대에서 산업디자인을 전공했다. 유학파도 아니다. 삼성전자를 거쳐 해외에 진출했다. 해외에서 디자인으로 성공하기까지 그에게는 모든 게 도전이었다. 2004년 나이키에 지원했을 때, 정보가 하나도 없었다. 스스로 발품을 팔고 여기저기 문을 두드리면서 힘들게 정보를 알아냈다. 나이키에 들어가서도 한국인은 자신밖에 없어 적응하는 데 힘들었다. 인맥도 없고, 현지 문화도 잘 몰랐으며 미국에서 석사 학위가 없는 동양인이 능력을 입증해야 하니 더 힘들었다고 한다. 그는 '디자인 하나로 벽들을 다 깨겠다'라고 마음먹었고, 능력을 인정받았다.

그는 2010년 MS를 그만두고 서울에 자신의 개인 스튜디오 '클라우드앤코'를 설립했다. "죽을 때까지 즐기면서 할 수 있는 일을 하기 위해서, 돈보다 가치를 중시하는 프로젝트를 자유롭게 하려고 한다"는 게 그가 뜻을 품고 한국으로 돌아온 이유다.

그래피티 아티스트 심찬양

길거리 벽면에 스프레이 페인트로 그리는 그래피티로, 세계적인 아티스트가 된 청년이 있다. 그래피티 아티스트 심찬양[156]씨. 미국에서 활동 중인 그는 '흑인, 여성, 그래피티' 이 세 가지 단어의 편견을 깨고 세계적 아티스트로 유명해졌다. 심 씨는 미국 생활 한 달 반 만에 '흔들리며 피는 꽃'으로 주목을 받았다. 한복을 입은 흑인 여성에 한글로 된 캘리그래피를 곁들인 작품이다. 그는 이렇게 한복 입은 흑인 여성과 한글을 주제로 자신만의 정체성을 완성했다. 2019년 LG 유플러스의 아이폰11 프로 광고에 모델로 출연하면서 6일 동안 쉬지 않고 작품을 완성했다.

심찬양 씨는 조부와 아버지가 목사여서 '3대째 목사 가문'의 부담이 컸다. 미대를 중퇴하고 필리핀 신학대에 입학했지만 2년 만에 중퇴했다. 고3 때 취미로 시작한 그래피티의 꿈을 접지 못한 그는 2016년 그래피티의 본고장인 미국으로 갔다.

이방인인 심 씨가 그래피티의 원조인 미국에서 찬사를 받을 수 있었던 비결이 있다. 심 씨는 "그래피티에서 외설적으로만 표현되던 흑인 여성을 한복을 통해 점잖게 예를 갖춰 표현한 것에 사람들이 감동을 느낀 것으로 보인다. 무시 받아왔던 것에 대한 상처와 회복, 화해 같은

---

156. 〈그래피티 아티스트 심찬양〉 중앙일보, 2019.11.13

다양한 메시지로 받아들인 것 같다"고 말했다. 또 그는 외국인에게 제대로 된 한복을 알리고 싶어 '박술녀 한복'의 디자인과 색감을 최대한 사실적으로 반영했다. 한복이 최고의 의상이란 생각에 한복을 입은 흑인 여성의 우아함을 표현했다. 한복과 한글 등 한국적인 것을 결합해 작품에서 아름다운 에너지를 주는 사람이 되고 싶다고 그는 포부를 밝힌다.

여기서 한글 문자의 의미와 아름다움을 표현한 그의 주체성을 읽을 수 있다. 뜻도 의도도 애매한 영어가 새겨진 티셔츠를 즐겨 입는 우리가 반성할 부분이 있다. 이제는. 예쁜 글씨체와 좋은 뜻을 새긴 우리 한글 티셔츠를 입고 싶다. 의식 있는 소비가 발전적인 유행을 만들 듯. 우리말 티셔츠가 빛나는 날을 기다려 본다.

'화난 사람들' 대표 최초롱

변호사 최초롱[157]씨는 2018년 5월 서울 용산 원효 전자상가에 사무실을 열었다. 그는 법원을 박차고 나와 온라인 집단분쟁 플랫폼 '화난 사람들'의 대표가 됐다. 사법고시를 통과하고 어렵게 들어간 법원이었

---

157. 〈법률 스타트업, 최초롱 변호사〉조선일보, 30543호/ 중부일보 2019.05.01

지만, 최 대표에게는 하고 싶은 것이 있었다. 법은 일상에 적용되고 꼭 알고 있어야 할 생활 수단임에도 우리 대부분은 법을 몰라 피해를 보고 분통을 터트린다. 청와대 국민청원 게시판에 너도나도 의견을 개진하고 있는 지금, 최 대표는 '화난 사람들'에서 함께 분노해 보자고 손짓한다.

'화난 사람들'은 법을 잘 모르는 사람들의 문제를 변호사들과 함께 해결하고 풀어가는 온라인 플랫폼이다. 어떤 사건이나 억울한 일을 당한 의뢰인들과 변호사를 중개해주는 역할을 한다. 예를 들면 어떤 의약품을 사용하다가 부작용 피해를 본 의뢰인이 있다고 하자. 그 의뢰인은 이걸 어떻게 따지고 보상받는지 모른다. 이럴 때 '화난 사람들'에 의뢰를 하면 최 대표가 많은 피해자를 모으고, 변호인 측과도 협의해 소송을 진행한다. 그래서 '화난 사람들'을 집단분쟁 플랫폼이라고도 부른다. 물론, 집단분쟁뿐만 아니라 고소·고발, 사회문제 캠페인 등 다양한 법률 활동을 지원하고 있다. 법률 스타트업을 시작한지 10개월도 안 됐는데 대진침대 라돈 검출 사건(5,886명 참여), BMW 집단소송(2,500여 명) 등 굵직한 집단소송이 이곳을 통해 이뤄졌다. 외부 변호사가 '화난 사람들'의 플랫폼을 이용해 소송할 사람들을 모으는 방식이었다.

최 대표는 매일 이슈들을 반드시 확인한다. 뉴스를 보고, 그 다음에는 공정거래위원회, 식품의약품안전처, 방송통신위원회 등 사이트에 접속해 주요 현안을 확인한다. 전국의 주요판결도 훑으면서 오늘은 어떤 화나는 일이 있었는지 들여다본다.

최 대표는 "흩어지는 분노를 한데 모아 긍정적인 힘을 발휘하는 것.

그래서 화난 사람들이 줄어드는 게 '화난 사람들'의 지향점입니다"라고 말한다. 그가 사용하는 빨간 명함에 '모이면 권력이다, 뭉치면 권력이다, 우리가 권력이다'라는 문구가 있다. 최 대표 집단분쟁 플랫폼을 만들어 법을 모르는 일반인을 위해 일한다.

애니메이터 김재형

애니메이터 김재형[158]은 연세대 의대를 졸업하고 강남세브란스병원에서 일하다가 2000년 병원을 그만뒀다. 평소에 관심이 있던 애니메이션 제작을 배우고 싶어서였다. 컴퓨터 학원에서 소프트웨어 프로그램을 배웠는데, 제대로 배울 수 없다고 판단하고 2003년 미국으로 떠났다. 샌프란시스코의 'Academy of Arts University'에서 애니메이션을 공부했다. 2006년 픽사 애니메이션 스튜디오에서 인턴으로 근무하고, 게임 업체 '블리자드'에 들어가 〈스타크래프트2〉를 제작했다. 2008년 다시 픽사에서 〈라따뚜이〉, 〈토이스토리3〉, 〈카2〉 제작에 참여했다.

직업을 바꾸고 싶은 성인이나 청소년에게 그는 말한다. "자기가 원

---

158. 〈'픽사' 애니메이터 김재형, 신작 '카3'에 참여〉 연합뉴스, 2017.06.22 / 뉴스1, 2016.01.04

하는 일이 있으면 … 일단 시작을 해야 한다고 생각합니다. … 처음부터 찾지 못하더라도, 나이에 너무 연연하지 말고 일단 시도를 해서 자기가 잘하게 된다면 그런 직업에 대한 가치도 많이 높일 수 있지 않을까 생각합니다." 그는 자신의 말이 비현실적으로 들릴까 걱정도 한다. 도전을 해보고 후회하는 게 얻는 것이 더 많다고, 도전해서 결과를 받아들이는 용기를 가져야 한다고 조언한다.

그는 애니메이터를 꿈꾸는 학생들에게, 일단 꾸준히 포기하지 않고 열심히 하는 것이 중요하고, 좋은 작품들을 많이 보고 자신의 안목을 키우는 게 필요하다고 강조한다. 자신이 이뤄야 하는 지점을 향상시키는 게 자기 실력을 높이는 지름길이 될 수 있다고 덧붙인다.

준비와 열정이
자신감을 만든다

농부 유튜버, 안성덕

안성덕 성호육묘장 대표[159]는 농사꾼이다. 그런데 그는 유명 유튜버다. 화려한 방송 장비도 없다. 영상 촬영을 위한 기교와 편집도 없고 심지어 러닝셔츠 바람으로 방송을 하기도 한다. 농사만 40년 넘게 지었는데 그의 방송은 인기다.

그 인기의 비결은, 그가 정말 쓸모 있는 농사 방법을 쏟아내는 것이다. 안 대표가 설명해주는 노하우는 농사가 처음인 사람들에게 많은 도움이 된다. 그는 다양한 작물에 대해서도 꼼꼼하게 설명을 해준다. 안 대표가 알려주기 전엔 생각도 못 한 방법들이 많다. 그는 지금까지

---

159. 〈개설 1년 만에 15만 명 구독자 거느린 농부 유튜버〉, 오마이뉴스, 2019.06.22

600개 정도의 영상을 올렸다.

가족들이 안 대표의 유튜브 방송을 말렸지만, 그는 자신이 있었다. 1년이 지나자, 모두의 예상을 뒤엎고 안 대표의 농사 유튜브 방송은 15만 명의 구독자가 생겼다. 광고도 들어왔다. 상위 1%만 성공할 수 있다는 유튜브 방송에서 고정수입을 벌어들이는 강자로 성공한 것이다. 평범한 농부 안 대표의 방송은 꾸밈없고 진솔한 모습 그대로다. 밭을 가꾸는 모습도 실제로 보여준다.

또 그는, 항상 일기를 써야 한다고 강조한다. 매일 날씨와 작업, 농사에 필요한 물품 구입 목록과 농작물 시세까지 꼼꼼히 기록하라고 알려준다. 뒷날 그 일기는 훌륭한 정보가 된다고. 그의 방송에 감동해 직접 찾아오거나, 선물을 들고 오는 구독자가 있어 그는 행복하다. 안 대표는 농사로 얼마든지 소득을 올릴 수 있다고 말한다. 묵묵히 3년만 노력하면 기대소득이 나온다고.

단기간에 많은 돈을 벌고 싶은 사람들에게 3년은 짧지 않다. 하지만 긴 시간도 아니다. 준비를 거쳐 취직하거나 전문가가 되기 위해서는 절대적인 시간이 필요하다. 농사도 짧게 잡아 3년이라는 말이다.

최근 생계형 창업이 늘고 있지만 대부분 사전준비가 미흡해 폐업이 속출하고 있다. 준비 기간이 6개월 미만인 자영업자 중 73.7%가 폐업했다. 최근 5년 동안 매년 평균 소상공인 사업체 75만 개를 창업하고 67만 개가 폐업했다. 창업 후 5년간 사업체가 유지되는 비율은 29%에 그친다.[160] 창업에는 꼼꼼한 준비와 시장 조사, 전문적 경영 공부 등이 필요하다.

새우를 키우는 천재민 대표

천재민 대표[161]는 바이오플락(미생물을 활용한 수산물 양식법)이라는 기술로 새우를 키운다. 미생물을 통해 사료 찌꺼기나 배설물에서 발생하는 오염물을 분해하는 게 기술의 핵심이다. 한번 물을 넣어 주면 새우가 다 자랄 때까지 물을 바꾸지 않는 친환경적 양식장을 운영한다. 무항생제 친환경 새우 양식장은 성장이 빨라 생산량이 상대적으로 많고 연중 출하도 가능하다. 그는 친환경 기술을 선제적으로 도입했고 국내 새우양식업계 최초로 해썹HACCP(식품안전관리인증기준)도 획득했다. 천 대표는 자본 없이는 진입하기 어려운 양식업에서 성공했다.

해양과학대에서 물고기 양식을 전문적으로 배웠다. 하지만 물고기 양식을 하려면 많은 시설비가 필요했다. 자금이 부족해 현실에서 대안을 찾던 중 '흰다리새우'를 발견했다. 새우 양식을 결심한 그는 유명한 새우 양식장에서 현장 직원으로 일하면서 출발했다. 현장 직원으로 2년 반을 보냈다. 자신의 사업을 하고 싶어, 일한 돈에다 어업인 후계자 지원금을 확보했다. 지금의 부지는, 양식장을 반대하던 주민들을 일일이 설득해서 얻어낸 곳이다.

어렵게 양식장을 세웠지만, 난관이 계속됐다. 젊은 패기로 버티고, 실패에서 배우자고 연구한 끝에 '바이오플락 양식법'을 얻었다. 이 방

---

160. 한국강사신문, 2019.06.17
161. 〈천재민 새우궁전 대표〉 한경 17409호

법을 활용한 하우스 양식은 실외 양식과 달리 1년 내내 출하할 수 있다. 수온에 민감한 미생물을 안정적으로 유지하는 것 때문에 시행착오가 계속됐지만, 열정을 갖고 매달렸다. 천 대표는 이제 화양면 어업인 연합회 총무를 맡은 마을의 중요한 인물이다.

천 대표는 새우를 차별화하기 위해 새로운 시도를 시작했다. 항산화 성분 개발 기업과 협업해 기능성 특화한 새우를 키우고 있는 것. 그는 "주변의 제안을 주의 깊게 듣고 새로운 시도를 두려워하지 않은 게 이른 시간 안에 자리 잡은 비결"이라고 말한다. 젊은이의 패기와 실패에서도 배우고자 했던 열정이 그를 새우 양식의 전문가로 키웠다.

농산물을 파는 온라인 마켓

국산 농산물을 파는 온라인 마켓 '마켓레이지혜븐'[162]은 도매시장에 있는 농산물을 가져다 팔지 않는다. 유 대표 부부는 팔고 싶은 농산물을 선택한 뒤 농장을 직접 찾아가 생산자와 협의한다. 해당 농산물을 확보한 경우에 구매창을 연다. 소비자는 인스타그램을 통해 시간을 맞춰 농산물을 신청해야 한다. 오전 11시에 구매창이 열리지만, 사고 싶

---

162. 〈농산물 한정 판매하는 귀농부부〉, 한경 17409호

은 물품을 못 살 때가 많다. 신유형 마켓이다.

　부부는 패션과 관련된 콘텐츠 기획·홍보 대행사를 경영하다가 접고, 고창에 정착했다. 그들의 마켓에서는 농부들을 일일이 만나 농산물을 받고 2차 검품을 하고 직접 포장해 배송한다. 특히 친환경 및 유기농 상품은 대량 생산이 어렵다. 때문에 부부는 자신들이 할 수 있는 상황에 맞게 욕심내지 않는다. 부부는 그들이 농산물이 아니라 신뢰를 판다고 말한다. 2018년 아스파라거스, 블루베리, 복분자, 현미 가래떡 등 18개 상품을 들여와 8억 6천만 원의 매출을 올렸다. 여러 제품을 대량으로 구입해서 파는 판매 방식이 아님을 고려하면 나쁘지 않은 결과라고 볼 수 있다.

　제품의 선정 기준은 가족이다. 가족이 먹는다고 생각하면 까다롭게 선정할 수밖에 없다. 또 여러 품종을 소개하려고 노력한다. 부부의 마켓에서 가장 특별한 건 편지 형식의 '상품 설명서'다. 시골의 정서를 중요하게 여기는 대표는 돌아가신 할머니에게서 이것을 배웠다. 할머니께서 생전에 보내주던 꾸러미 속엔 물건만 있지 않았다. 박스를 꽉꽉 채운 채소, 과일들 틈에 먹는 방법과 보관 장소에 관한 이야기도 들어 있었다. 그때 식재료의 소중함과 애정 어린 마음을 배웠다. 그 마음을 소비자와 나누고 싶다고 편지의 의도를 밝힌다. 부부는 고창에 살면서 임시 장터를 열기도 하고 농업 관련 문화행사도 연다. 지금은 농사도 짓는다.

　신뢰를 바탕으로 깐깐하게 농산물을 선택해 소비자에게 물건을 전하는 대표의 마음이 전해졌다고 볼 수 있다. 도시의 소비자들은 질 좋은 농산물을 구입하고 싶어도, 직접 방문해서 물건을 확인하기 어렵다. 부부가 그 일을 대신해 가족이 먹는다는 마음으로 선정하고, 소비자에게 설명서까지 동봉해주니 정성이 통했다고 할 수 있다.

전업주부의 부업 나물 사업이 '매출 130억 원' 기업으로

전업주부였던 고화순 대표[163]는 부업으로 나물 사업을 시작해 20년 만에 '매출 130억 원'의 기업으로 키워냈다. 회사 직원도 50여 명에 달한다.

1990년대 후반 부모님이 재배하던 도라지를 팔기 위해 납품 기관을 찾아 뛰어다닌 게 회사를 운영하는 계기가 됐다. 고향인 경북 울진에서 도라지 농사를 제법 크게 짓고 있던 부모님이 밀려드는 중국산 때문에 판매가 크게 줄었다고 걱정을 하셨다. 그래서 알고 지내던 학교의 급식 영양사들을 일일이 찾아다니며 부모님의 도라지를 소개했다. 품질을 인정받아 일부 학교에 도라지를 납품하게 된 것이 사업의 출발이었다.

도라지를 2년간 안정적으로 공급해온 그에게 새로운 주문이 들어

---

163. 〈고화순 하늘농가 대표〉 한경 17421호

오기 시작했다. 학교 급식용으로 도라지 외에 다른 채소도 구해달라는 것. 부모님 밭에서 나오는 채소뿐만 아니라 고향 집 주변 농가의 농산물도 함께 모아 납품했다. 마을에서 직접 구한 덕분에 다른 식자재 업체들보다 판매가를 낮출 수 있었다.

고 대표는 나물과 채소 상품을 차별화하기 위해 계속 고민했다. 그래서 브랜드 인지도를 높이는 방법으로 차별화된 포장 방법과 디자인을 고안했다. 대형 식품업체들을 벤치마킹해 첨단 포장법을 도입하고 회사 브랜드가 잘 드러나도록 포장 용기를 디자인했다. 일부 채소를, 대형마트에서 파는 두부와 같이 플라스틱 용기에 담아 윗부분을 덮었는데, 영세 업체가 대부분이던 2000년대 초반 단체 급식시장에선 남다른 시도였다.

브랜드가 이미지가 높아지면서 하늘 농가는 2004년 학교 등 주요 단체 급식장 1차 납품 업체로 올라섰다. 재료를 납품할 때, 식당에 사용처를 물어보고 용도에 맞게 손질해서 보냈다. 급식장의 일을 조금이라도 줄여줘야겠다는 생각에서였다. 또 갑자기 메뉴가 바뀌어 새로운 식재료를 주문할 때, 아무리 맞추기 어려운 시간이라도 요청한 식재료들을 꼭 갖다 주었다. 이런 진심이 통해 성공할 수 있었다.

2016년부터는 회사 안에 연구팀을 따로 두었다. 단체 급식과 더불어 새로운 시장을 개척하기 위해서다. 최근 수출용으로 컵 비빔밥을 개발해 프랑스 파리에서 열린 식품박람회에 선보이기도 했다. 나물 가공식품을 개발한 노하우를 살려 외국인들이 간편하게 먹을 수 있는 비빔밥을 개발하겠다고 고 대표는 말한다.

비빔밥의 필수 재료인 나물에 강점이 있는 이 회사가 가장 잘 할 수 있는 제품의 개발이라고 할 수 있다. 이 회사가 지금까지 꾸준히 성장할 수 있었던 비결은 세 가지이다. 농가와 직거래를 통해 가격 경쟁력을 확보한 점, 디자인 차별화를 통해 브랜드 인지도를 높인 점, 고객의 필요를 파악해 세심하게 반영한 점. 다른 업체가 하기 어려운 손질의 단계를 통해 고객의 요구에 주목한 것이 성공의 열쇠다.

먹거리에
주목한 사람들

온라인 푸드마켓

2016년, 동원그룹은 온라인 푸드마켓 '더반찬'을 300억 원에 매입했다. 매각 금액도 화제였지만 더 화제가 됐던 것은 더반찬 창업자 전종하 대표[164]였다. 회원 수 20만 명, 하루 평균 주문 2700박스, 객 단가 5만 원 이상, 예상 매출액만 270억 원에 달하는 더반찬을 설립한 그가 고졸의 20대 젊은 CEO였기 때문이다. 2008년 창업해 8년 만에 화제가 된 전 대표의 창업 역사는 독특하다.

전 대표는 중·고교 시절에 게임에 빠져 있었다. 게임 중독이었다고 할 정도로 게임을 좋아해서, 그는 밤낮을 가리지 않고 게임에 몰두했

---

164. 〈'더반찬' 창업 8년 만에 300억에 회사 매각한 20대 CEO〉, 지식비타민, 2017.06.13

다. 그렇게 몰두하다 보니 어느새 게임 내에서 한 집단을 이끄는 성주 자리에 오르게 됐고, 온라인이었지만 집단을 조직·관리하며 바람직한 리더십을 배울 수 있었다. 게임 아이템이 쌓이고 이를 오프라인상에서 되파는 과정을 통해 돈 버는 재미를 느껴, 전 대표는 대학 진학 대신 사업을 선택했다. 이렇게 그는 고등학교 졸업 후 바로 창업 시장에 뛰어들었다.

그렇게 차린 것이 '더반찬'이다. 그는 '시장에서 인기 있는 반찬가게 들이 왜 배송까지 하지 않을까?'라는 의문이 생겼고 여기서 창업 아이템이 만들어졌다. 창업 이후 그는 몇 가지 운영 원칙을 세웠다. 직접 신선한 재료를 구해 생산까지 해서 원가를 낮출 것, 광고를 최대한 줄일 것, 재구매율을 높일 것, 주문을 쉽게 할 수 있도록 홈페이지를 최대한 간단하게 만들 것.

젊은 창업자답게 마케팅도 공격적으로 했다. 주 고객층이 될 수 있는 주부, 혼자 사는 대학생들이 많이 가입하는 카페에 무조건 가입해서 회사를 홍보했다. 또 초기의 자본 부족을 해결하기 위해, 비교적 단가가 저렴한 전단지를 많이 인쇄했다. 그리고 직접 대학의 기숙사들을 중심으로 돌렸다. 또 배달 상자에 로고를 최대한으로 크게 프린트해서, 주변 사람이 보고 주문하도록 유도했다. 이렇게 공격적으로 마케팅을 펼치자 창업 1년 뒤부터 주문이 밀려오기 시작했다.

사업이 어느 정도 자리를 잡고 난 뒤에는 '내실화'에 주력했다. 주문 내역을 전부 분석하기 시작했다. 가령 소비자가 어떤 반찬을 좋아하는지, 계절마다 인기 있는 반찬은 무엇인지 등을 파악했다. 실제 분석을 해보니, 한 번 반찬을 주문한 소비자들은 평균 1주일 뒤에 재구매를 하는 것으로 나타났다. 이를 활용해, 일주일간 먹을 수 있는 반찬을 상품으로 구성해 파는 큐레이션 서비스 '7데이 세트'를 선보여 큰 인기를 끌었다.

더불어 주문 홈페이지에 '라이프스타일 키워드'라는 카테고리를 신설했다. 이 카테고리는 '#혼밥추천, #야식이 필요해, #도시락 만들기 꿀팁' 등을 분류해, 클릭만 하면 추천 제품과 각종 생활 팁들로 연결되도록 만들었다. 또 소비자가 믿고 주문할 수 있도록 재료 구입에서부터 조리 과정, 배송 과정 모두를 공개했다.

대학을 졸업하지 않았다고 여러 시도를 할 수 없는 건 아니다. 요즘은 반찬을 주문하고 심지어 이를 새벽에 배송해서 먹는 것이 낯설지 않게 됐다. 거기다 유명 쉐프가 조리한 반찬과 반찬가게를 주위에서 흔하게 볼 수 있다. 대기업들도 이 시장에 뛰어들어 조리 식품 시장이 거대해졌다. 지인은 1주일에 한 번 국과 반찬을 구입해 힘들지 않게 식생활을 해결한다.

하지만, 나는 조리된 식품이나 반조리 식품이 배송될 때 따라오는 포장 용기를 그냥 지나치기는 힘들었다. 일일이 포장한 그 많은 포장재를 보고 놀라움과 걱정이 교차했다. 환경 문제가 심각한데, 될 수 있으면 생분해되는 친환경적인 포장재 사용을 제안해본다. 하지만, 그냥 포장재와 친환경적 포장재를 구분해야 하고, 버리거나 재활용용으로 나누어 수거하는 수고로움과 캠페인이 필요하다. 지금처럼 친환경 포장재와 일반 포장재를 한꺼번에 수거하는 형태는 의미가 없다. 힘든 점이 있지만, 지구를 생각해 친환경적이 제품을 사용하고, 분리하는 방법도 연구해야 할 것이다.

쌍문동 '맘스터치' 햄버거

1997년 외환위기 직후 서울 쌍문동에 조그만 햄버거집이 문을 열었다. '맘스터치'라는 생소한 이름으로 간판을 걸었다. 간판처럼 '엄마의 손길이 느껴지는 저가 버거'를 내세웠다.

맘스터치는 장사가 잘 안됐기 때문에 모기업은 이 브랜드를 정리하기로 했다. 정현식(현 대표)[165] 등 직원들이 2004년 회사를 인수해 새롭게 사업을 시작했다. 그들은 가성비와 가맹점의 생존에 집중했다.

맘스터치의 대표 제품은 싸이버거다. 2005년 처음 나온 후 스테디셀러로 자리를 잡았다. 이 햄버거는 다른 프랜차이즈 햄버거의 평균 가격(5,000원)보다 30% 저렴하다. 이를 가능케 한 것은 햄버거 패티를 치킨으로 쓴 것이다. 또 매장들이 'B급 상권'에 자리를 잡아 임차료 부담을 줄인 것이다. 가맹점의 이익을 우선하는 전략을 써서, 본사와 점주들이 상생하고자 했다. 이 브랜드는 10~20대의 SNS를 통해 입소문을 탔다. 2015년 TV 광고를 시작했는데, 광고비는 전액 프랜차이즈 본

---

165. 〈쌍문동 맘스터치〉, 한국경제신문, 2019.04.29

사가 부담했다. 이 브랜드는 10년간 꾸준히 성장했다. 매출은 2018년 2,845억 원을 기록했고 매장은 1,182개로 늘었다. 중견기업 대열에 들어선 것이다.

맘스터치는 요즘 4,000원대 포장 삼계탕도 판다. 원자재인 닭과 보유하고 있는 본사 물류 시스템을 활용해, 전국 매장에서 판매한다. 2018년 여름 출시 1주일만에 물량 10만 개 모두 팔렸다. 후속 제품으로 닭곰탕, 닭개장도 출시했다. 가격은 2,000~3,000원대로 가성비 전략을 고수하고 있다. 2019년 2월에는 온라인 쇼핑몰 '맘스터치몰'도 열었다. 여기에서 닭 가공식품을 판다.

이 브랜드는 진화를 계속하고 있다. 더불어 본사가 가맹점과의 상생을 선택한 것이 눈에 띈다. 프랜차이즈 본사의 갑질로 점주들이 어려움을 겪는다는 기사를 종종 본다. 점주들이 이익을 내고 생활이 안정돼야 본사도 살 수 있다. 본사의 횡포는 반드시 부메랑이 되어 돌아올 것이다. 본사도 점주도 같이 살아야 하는 운명공동체임을 잊지 않고 같이 잘 사는 방안을 모색해야 한다.

해외 한식당

2018년 1월 17일 농림축산식품부 산하 한식진흥원이 실시한 '2017 글로벌 한식당 현황조사'[166]에 따르면 90개국에서 3만3,499개의 한식당이 영업 중인 것으로 나타났다.

김미리 대표[167]는 15살 때인 1975년 홍콩으로 건너갔다. 어머니는 1965년부터 홍콩에서 이화원이란 식당을 경영했다. 그녀가 미국 유학을 마치고 홍콩으로 돌아왔을 때 기회가 찾아왔다. 홍콩에서 인기 있던 백화점 '시티슈퍼' 타임스퀘어점에서 제안이 왔다. 어머니는 좁은 푸드코트 매장에서 한식당을 하는 것에 부정적이었다. 하지만 김 대표는 달랐다. 그녀는 사람이 몰리는 백화점이나 지하철역의 푸드코트에 한식이 진출해야 한다고 생각했다. 그녀의 생각은 '이화원익스프레스'의 탄생으로 이어졌다. 그녀의 나이 35세였다.

김 대표는 미국 유학 때 푸드코트를 이용했던 경험을 살려 한식을 패스트푸드로 만들었다. 덮밥, 비빔밥, 잡채 등을 빠르게 만들어 제공할 수 있는 음식으로 식단을 꾸몄다. 이화원익스프레스는 홍콩에서 한식이 패스트푸드로 선보인 아주 신선한 시도였다. 때문에, 홍콩 언론들이 관심을 가졌고 대박이 났다. 다른 쇼핑몰들의 러브콜도 쏟아지기

166. 〈해외 한식당 8년새 262% 폭발적 성장〉, 서울경제, 2018.01.18
167. 〈김미리 홍콩 맥선그룹 대표〉, 월드코리안 뉴스, 2019.05.01

시작했다.

김 대표의 도전은 여기서 멈추지 않는다. 그녀는 홍콩의 식문화에 주목했다. 그들은 우리처럼 식탁에 반찬 6~7개를 깔아놓고 식사하지 않는다. 이 점에 착안해, 패스트푸드와 한정식의 중간 지점인 '한식 캐주얼 다이닝레스토랑'을 시도했다. 주요리는 주문하고, 반찬은 별도 주문하는 방식으로 운영하는 한식당이었다.

나아가 김 대표는 홍콩 직장인들의 생활 스타일에도 주목했다. 소비자들은 더 빠른 패스트푸드를 원하고 있었다. 그래서 김밥, 도시락 같은 메뉴를 주문하면 준비해 놓았던 것을 빨리 내놓는 방식으로 바꿨다. 늘 3개 정도의 재고를 두고, 떨어지면 바로 만들어 충당하면 기다리지 않아도 됐다. 또 홍콩에서 아침을 가볍게 먹는 점을 고려해, 김밥을 지하철역에서 제공하기 위해 '아침 김밥'을 개발했다. 아침 식사 단가 25 홍콩달러(4,000원 상당)를 넘지 않도록 하고, 거부감이 없는 소시지와 단무지를 넣어 저렴하게 만들었다. 이 아침 김밥도 인기가 있어, 홍콩 사람들 사이에 아침 대용으로 자리를 잡았다.

여러 가지 시도로 김 대표가 경영하는 브랜드는 늘어나. 현재는 홍콩에 18개의 한식당을 운영하고 있다. 그의 브랜드는 홍콩 디즈니랜드에 한국식 오징어로 입점했으며 홍콩의 유명 백화점에 포장형 한식 반찬 제품도 입점했다. 홍콩 공항에도 곧 패스트푸드 한식점이 입점한다. 다양한 한식 패스트푸드 프랜차이즈로 성공한 그녀는 다양한 메뉴와 식당 형태를 계속 연구하고 있다.

내가 몇 년 살았던, 중국 N시에도 한식당이 여럿 있었다. A식당은 시내 중심에 위치해 있다. 1층과 2층은 한식당, 3층은 참치회를 팔고 있고, 4층은 중의원과 발마사지점이 있다. 식당은 사장님이, 방앗간은 여동생, 중의원과 마사지점은 남동생이 운영했다. 20년 전쯤 이곳에 식당을 연 사장님은 매일 식당에 나와 일일이 고객을 챙기고 서비스도 꼭 주신다. 시간이 지나면서 식당에 한국 사람 수는 적고 중국 사람이 훨씬 많아졌다. 드물게 성공을 한 식당이었다.

몇 년 전에 생긴 B식당은, 우리나라 음식 체인 중 하나다. 큰 규모에 고급진 한국 인테리어가 돋보이고, 새로운 한국식 숯불구이와 쌈이 인기를 얻어 손님이 많았다. 그곳은 보통 한 시간 이상 줄을 서는 것은 예사였다. 그래서 한국인이 자주 이용하는 호텔 지하에 같은 C식당이 또 생겼다. 깨끗하고 서비스 좋고 맛도 훌륭한 그 두 식당은 N시 최고의 한식당으로 자리를 잡았다. 그리고 나머지 한식당 중에서 많은 가게가 문을 닫았다. 평범한 맛과 서비스는 지속력을 갖지 못했다. 해외 한식당은, 특별한 맛과 서비스를 제공하지 못하면, 경쟁해 살아남기가 어렵다.

하지만, 반찬가게를 창업해 인생의 2막을 연 사람들도 있다. 1인 가구 500만 시대, 집밥과 혼밥 열풍 속에서 반찬가게는 인기가 있다. 동네 반찬가게와는 달리 전국의 입맛을 사로잡은 가게도 있다. 카페 같은 인테리어, 고급스러운 포장, 어떤 가게는 매일 100여 가지의 이상의 다양한 메뉴를 판다. 완전한 한상차림을 제공하는 한국식 델리형 반찬가게에는 늘 동네 주민들의 발길이 끊이질 않는다. 그 가게의 성공 요인은 집에서 먹는 반찬을 셰프들이 만드는 요리로 승격시킨 것이었다.

관심을 지니고 잘 들여다보면 내가 할 수 있는 일들이 보인다. 촘촘하게 보자.

나오는 글

인문학자들은 걱정한다. 자본주의를 통제하지 못해, 내가 좋아하는 것을 하지 못하고 우리 대부분이 획일화된 노예로 전락하는 것을. 대학 입학과 동시에 취업에 전념하며 고용자가 원하는 능력에 나를 맞춘다. 하고 싶은 건 생각도 못 하고, 자신의 인생에 누가 주인인지 돌아보기도 힘들다. 자본주의의 힘이 강할수록, 돈 얻기가 힘들수록 내가 원하는 것보다 타인의 요구에 맞춰 살게 될지도 모른다.[168]

타인의 요구에 나를 맞추지 않고 내 삶의 주인이 되려면 나만의 적성, 흥미, 능력에 맞게 진로를 설계하고 실행하며 꾸준히 공부해야 한다. 옆 사람과 다른 내가 되어야 한다. 남이 하지 않는 경험을 하고, 책과 인터넷을 통한 자료도 확보하고 점검해야 한다. 결정이 내려지면

---

168. 강신주(외), 《나는 누구인가》, 21세기북스, 2014

앞날이 보이지 않아도 좌절하지 않고 앞으로 계속 나가야 한다.

주어진 일에 책임감 있게 임하지만, 그 일이 즐겁지 않고 허무감이 느껴지고 삶의 진정한 의미를 찾을 수 없다면……. 그렇다면 그 일은 나에게 맞지 않는다. 그렇다면 현재의 나를 다시 진단하고 바꾸는 결정을 내려야 한다.

누구나 특별한 존재가 되기를 원하지만, 지금의 자리를 유지하고 싶은 마음도 있어서 선뜻 변화하려고 하지 않는다. 우리는 특별한 존재를 부러워하면서도 자신이 특별한 존재라는 사실은 모르고 있다. 저마다 특별한 사람이 될 수 있다. 선택에 따라.[169]

나는 실패를 많이 겪었다. 원하는 대로 이루면서 산 게 거의 없다.

계속 학문을 연구하고 싶었으나 이루지 못했다. 경제적으로 독립하지 못하면 심리적으로 독립하고 싶어도 그럴 수 없다. 이미 교사가 된 지인들은, 뒤늦게 교사가 되는 시험에 도전하는 내게 용기 대신 좌절을 선사하기도 했다. 늦게 가더라도 자신이 원하면 갈 수 있는 것도 사람이다. 나는, 교사로서 오로지 나를 의지할 수밖에 없는 우리 반 아이들의 의지처가 되고 싶었고, 어떤 경우에도 옳지 않은 것과 타협하지 않기를 원했다. 학교를 그만두면서, '내 자리에 새로 발령을 받는 선생님은 나보다 훌륭한 분이 왔으면' 하고 바랐다.

---

169. 최복현, 《내 삶에 빛이 되어준 아름다운 만남》, 도서출판 이른아침, 2010

책에서 본 어떤 선생님처럼 늘 깨어 있고 싶었다. 공부만 하고 미래가 어둡기만 하던 시절, 발표할 논문 때문에 끝도 없이 도서관에서 자료와 씨름하면서 '삶이 이렇게도 척박한 것인가?'를 물어보기도 했다. 그 순간 모든 걸 그만두고도 싶었다. 하지만 그 지난하던 논문 쓰기의 과정이 나의 어떤 부분을 키웠다. 지나고 보니, 소용없는 경험은 없었던 것 같다.

나는 '성공'이라는 단어에 나를 묶은 적이 없다. 나하고는 거리가 먼 말이니까. 다만 내가 인정하는 '나'면 된다고 나를 달랬다. 오늘도 의미 있게 보내고 다른 하루도 그렇게 보내기를 원했다. 여행과 운동, 취미활동은 잠깐 지나치는 것일 뿐, 내 삶을 가꾸는 일을 멈추지 않는 게 중요하다고 본다.

책은 나에게 많은 정보와 지식, 생각을 가르쳐주었다. 책 한 권을 덮으면서 "모르는 것이 이렇게나 많았구나"라고 생각한다. 또 책은 내가 다른 세상과 만나는 새로운 장場이었다. 친한 벗과 만나 이야기하고 웃고 여행하는 것도 참 좋았지만, 책 속에서 만나는 새로운 세계는 재미와 더불어 사고의 폭을 넓혀 주었다. 거기다 엄청 소심하고 자신 없던 나에게 미미한 '자존감'을 주었다. 내가 학교를 그만두고 내 일을 하기 위해 용기를 낼 수 있었던 건 순전히 책의 힘 때문이었다. 지금 이 순간 뭐를 어떻게 해야 할지 막막한 상황이라면 '책'에 기대 앞날을 모색해도 좋을 것이다.

마지막으로, 세상으로 나가는 여러분에게 《하늘을 날고 싶은 아기

새에게》의 한 부분을[170] 보낸다.

"우리는 저마다 자기 방식대로 세상을 만난단다. … 서두르지 않아도 돼. 우리는 저마다 다른 속도로 자라니까. 날개가 있다고 해서 꼭 하늘을 날 수 있는 건 아니란다.

아직은 준비를 더 해야 돼. 겁내지 말고 도전해 봐. 아주 멋지게 착지하는 법을 배우게 될 테니까. 너만의 독창적인 방법을 생각해내어도 모두에게 박수를 받기는 힘들지 몰라. 나의 모자람을 탓하는 대신, 언젠가 네가 잘하게 될 일을 떠올려 보렴."

---

170. 피르코 바이니오, 《하늘을 날고 싶은 아기 새에게》, 토토북, 2011

10대를 위한 진로 설계 로드맵

제1판 1쇄 | 2020년 11월 15일
제1판 2쇄 | 2021년 5월 31일

지은이 | 이혜선
펴낸이 | 윤성민
펴낸곳 | 한국경제신문*i*
기획제작 | (주)두드림미디어
책임편집 | 이향선   디자인 | 얼앤똘비악earl_tolbiac@naver.com

주소 | 서울특별시 중구 청파로 463
기획출판팀 | 02-333-3577
E-mail | dodreamedia@naver.com
등록 | 제 2-315(1967. 5. 15)

ISBN 978-89-475-4651-5 (03190)

책 내용에 관한 궁금증은 표지 앞날개에 있는 저자의 이메일이나
저자의 각종 SNS 연락처로 문의해주시길 바랍니다.

책값은 뒤표지에 있습니다.
잘못 만들어진 책은 구입처에서 바꿔드립니다.